EXPERIÊNCIA DE DEUS
e Renovação Carismática Católica

OBRAS DO AUTOR

A Cura psíquica na formação inicial e permanente, 3ª ed.
Carismas para nosso tempo, 4ª ed.
Experiência de Deus e RCC, 2ª ed.
Evangelizar é fazer Jesus acontecer, 3ª ed.
Grupos de oração: Como fazer a graça acontecer, 8ª ed.
Jovens em renovação, 7ª ed.
Meus pais, meu problema, 6ª ed.
Os jovens descobrem o Cristo na Missa, 8ª ed.
Oração de amorização: A cura do coração, 78ª ed.
Por um Natal mais cristão, 3ª ed.
Práticas de autocura interior, 9ª ed.
Programar o crescimento do grupo carismático, 4ª ed.
Ressurreição cada dia... Um passo, 3ª ed.
Saiba participar de grupos carismáticos, 11ª ed.

Pe. Alírio José Pedrini, SCJ

Experiência de Deus

e Renovação Carismática Católica

Edições Loyola

Edições Loyola
Rua 1822 nº 347 – Ipiranga
04216-000 São Paulo, SP
Caixa Postal 42.335
04299-970 São Paulo, SP
Fone (011) 6914-1922
Fax: (011) 63-4275
Home page: www.ecof.org.br/loyola
e-mail: loyola@ibm.net

ISBN: 85-15-**01272**-3

2ª edição: março de 1997

Índice

INTRODUÇÃO

VIDA CRISTÃ E EXPERIÊNCIA DE DEUS

O cristianismo, religião fundada por Jesus Cristo, morto mas ressuscitado, é uma religião experiencial, de experiência religiosa, de experiência de Deus. É uma religião de conhecimento pessoal e íntimo, e de relacionamento pessoal e comunitário com o Deus verdadeiro, Uno e Trino.

Existem outras religiões que são de conteúdo mais filosófico, racional. Baseiam-se em conhecimentos racionais, em princípios filosóficos de vida, em belos princípios existenciais, em máximas de vida humana.

Um cientista das religiões, após fazer estudos prolongados sobre todas as principais, além de mostrar a distinção entre as religiões experienciais e as filosóficas, afirmou que, atualmente, as filosóficas estão em decadência quanto ao número de seguidores, e as experienciais crescem. O coração humano quer conhecer por experiência própria o Deus apresentado por determinada religião. O coração humano quer experienciar pessoalmente aquele Deus em quem põe sua fé, sua expectativa, sua vida e seu futuro.

O cristianismo, e nele o catolicismo, é uma religião, uma forma de ligação, de relacionamento com Deus, baseada na experiência religiosa, na experiência do Deus vivo, do Deus Uno e Trino: Pai, Filho e Espírito Santo. O catolicismo é uma religião experiencial, uma religião de experiência de Deus.

Se você examinar os livros sagrados das diversas religiões, perceberá de imediato qual é filosófica, racional, e qual é experiencial.

Ao ler a Bíblia Sagrada, no Antigo Testamento você encontra a experiência de Javé vivida pelo povo da antiga aliança. O povo experimentou pessoal e comunitariamente, quem era, como era, o que pensava, o que queria e como agia seu Deus, Javé. O Povo vivia a experiência da presença e da ausência de Javé. Da paciência e das impaciências de Javé. Da forte proteção e do abandono de Javé. Do poder que realizava maravilhas e mais maravilhas. Todo o Antigo Testamento revela a "*experiência da ligação, da convivência, da proposta e resposta de vida*", vivida pelo povo de Israel.

Ao ler o Novo Testamento, você perceberá a experiência de Deus vivida pelos Apóstolos, pelos discípulos, pelas comunidades cristãs primitivas. Experiência vivida com o Emanuel, com o Deus feito gente, Jesus Cristo. Experiência vivida com o Espírito Santo, por meio de suas poderosíssimas manifestações. Experiência vivida com o Pai, que se manifestava, ou diretamente, ou através de suas duas grandes mediações: Jesus e o Espírito Santo.

Se você olhar para os dois mil anos de catolicismo, para o catolicismo autêntico, fiel, comprometido com Jesus ressuscitado, e guiado pelo Espírito Santo; se olhar para todos os que viveram verdadeiramente sua vida cristã católica comprometida e fiel, verá que todos viveram sua experiência de Deus. Olhe os milhões e milhões de Santos e de outros católicos, homens e mulheres, adultos e jovens que viveram um catolicismo radical e fiel, todos eles viveram uma profunda, salvífica e santificante experiência de Deus.

Se você examinar o momento atual do catolicismo, perceberá que os poucos — 10% talvez — que vivem autenticamente sua fé cristã católica, que vivem como discípulos fiéis do Senhor ressuscitado, têm como fonte de sua vida, e como força de sua caminhada, a experiência de Deus. Sem essa experiência não há verdadeira vida cristã. Sem experiência de Deus não há fidelidade à Igreja. Sem experiência de Deus não há entusiasmo no sacerdócio, na vida religiosa consagrada, na consagração laical, na vida cristã leiga. Sem experiência de Deus não há entusiasmo perseverante no apostolado, nos ministérios e serviços de evangelização, catequese, promoção humana e outros. Sem experiência de Deus é difícil perseverar até o fim, no caminho estreito de Jesus, que leva à salvação.

A experiência de Deus como Pai, a experiência de Jesus vivo, como salvador e senhor, bem como a experiência do Espírito Santo são o coração do cristianismo e, portanto, do próprio catolicismo. A experiência de Deus é o próprio modo de ser, e de se viver a religião católica. Sem essa experiência não há verdadeira vida cristã, não há vida no Espírito. Sem a experiência de Deus, as práticas religiosas tornam-se vazias e frias, rotineiras e sem maiores frutos, cansam, e até podem tornar-se odiosas, quando impostas de alguma forma.

A experiência de Deus é obra do próprio Espírito Santo. É Ele quem clama Aba! Pai! É Ele quem revela e testemunha Jesus ressuscitado. É Ele quem se manifesta experiencialmente no coração batizado. Aliás, o Espírito Santo gera a experiência de Deus de modo especial quando se manifesta de forma mais vigorosa no coração humano, como por um pentecostes pessoal. A essa manifestação Jesus chamou "*Batismo no Espírito Santo*". Ele disse: *"João batizou na água, mas vós sereis batizados no Espírito Santo daqui a poucos dias"* (At 1,4-8). Aliás, encontramos a mesma expressão seis vezes no Novo Testamento. Neste livro, uso consciente e propositalmente três expressões para indicar essa mesma graça poderosa do Espírito Santo: "*Batismo no Espírito Santo*", "*efusão do Espírito Santo*" e "*pentecostes pessoal*".

Ao ler "*Batismo no Espírito Santo*" não imagine o leitor que se trata de um sacramento, de um oitavo sacramento inventado em nosso tempo. Nem que se trate de uma cerimônia externa, de um sacramental, ou de um ritual específico. Trata-se, sim, de uma graça interior, realizada pelo Espírito Santo no coração. No decurso do livro o leitor encontrará explicações mais detalhadas sobre essa forma de manifestação do Espírito.

CAPÍTULO UM

A EXPERIÊNCIA DE DEUS

A vida cristã autêntica, verdadeira, vivida de acordo com o modelo vivo e pessoal que é Jesus, em harmonia com os exemplos e os ensinamentos de Jesus ressuscitado, é essencialmente uma vida de "experiência de Deus".

O cristianismo é uma religião experiencial, é uma religião de experiência de Deus, de experiência do Deus vivo. A vida cristã é um estilo de vida vivido à luz e em comunhão com Deus. Portanto é uma vida vivida na experiência de Deus. O cristianismo não é apenas uma instituição regida, dinamizada, mantida por princípios filosóficos, por máximas de sabedoria humana, iluminadoras da vida humana em sua dimensão terrestre.

A vida cristã intensamente vivida pelas centenas e centenas de milhões de Santos e Santas, canonizados ou não, que já partiram, ou ainda vivem conosco foi e é uma vida de experiência de Deus, de convivência com o Deus vivo, de relacionamento intenso, profundo, salvífico e santificador com o Deus vivo, Uno e Trino: Pai, Filho-Jesus ressuscitado e Espírito Santo.

Em nossos dias, no mundo inteiro, em meio a tantos contrastes, procuras e desencontros dos corações humanos, muitos procuram a Deus. Nele esperam encontrar o sentido maior de suas vidas, as soluções de seus problemas, as respostas mais exigentes do sentido da vida e da morte, da existência de todas as coisas. Mas todos esses querem encontrar um Deus vivo, experimentável. Querem fazer experiência de Deus. Já não lhes satisfaz um Deus teórico, formulado em raciocínios teológicos, em abstrações filosóficas. Não lhes satisfaz ter idéias abstratas de Deus e nem práticas religiosas sem vida e sem experiência.

A respeito do futuro do católico, o grande teólogo Karl Rahner escreve, num texto sucinto mas muito impressionante: *"A pessoa piedosa do amanhã, ou será um místico, isto é, 'alguém que experimentou alguma coisa', ou deixará de ser piedosa. Para aquele que crê é, pois, um imperativo tomar consciência de sua experiência religiosa compreendida como presença vivida e encontro de comunhão com Deus. Precisa demonstrar que sua fé não é uma árida abstração, mas se constitui num tecido ligado à vida. Deve, de alguma maneira, repetir com A. Frossard: 'Deus existe e eu o encontrei.'* (*Novo Dic. Esp., p.* 1.528).

Dê atenção, prezado leitor, à gravidade das palavras desse teólogo. Começa dizendo: o católico praticante (piedoso) ou será um místico ou deixará de ser católico. Quem é o místico, aquele que vai perseverar na Igreja? Segundo o teólogo, só aquele para quem *é "um imperativo tomar consciência de sua experiência religiosa compreendida como presença vivida e encontro de comunhão com Deus"*. Isto é, que vive a experiência de Deus, aquele que convive com o Deus vivo. Aquele que experimenta na normalidade do dia-a-dia sua presença, suas manifestaões, sua voz, suas obras de salvação e de santidade. O católico, ou será introduzido, educado, formado a viver sua fé na experiência de Deus, ou perderá seu catolicismo, abandonará tudo, será um ateu, com todas as conseqüências naturais da perda de sua fé e vivência cristã.

1.1. QUE É EXPERIÊNCIA DE DEUS?

A experiência de Deus é o conhecimento de Deus adquirido pela convivência com Ele, à luz da vida de fé. Não é um conhecimento adquirido por estudos, leituras, palestras, pregações, cursos teológicos, embora eles possam auxiliar. É um conhecimento pessoal que se vai adquirindo, se vai formando no coração, a respeito de Deus, de seu modo de ser, de agir, de manifestar-se. Dizer experiência de Deus é o mesmo que dizer: conhecer a Deus por experiência própria, conhecê-lo pessoalmente, conhecê-lo intimamente.

Uma comparação muito simples trará muitas luzes para compreender o que é a experiência de Deus. Você conhece muito bem seu pai, sua mãe, por experiência. Se você for casado, conhece seu cônjuge por experiência pessoal. Seu conhecimento não está baseado em livros que você leu, ou em comentários de outras pessoas. Convivendo com os pais, ou com o cônjuge, você foi conhecendo, descobrindo, penetrando, experimentando pessoalmente as qualidades, os dons, as virtudes, as idéias, a mentalidade, os ideais, os projetos, as buscas, enfim, o modo de ser e de viver dessas pessoas. Foi descobrindo e experimentando, também, suas dificuldades, problemas, limitações, fraquezas, talvez até vícios, erros, misérias humanas. Convivendo com elas, anos e anos, você as conhece pessoalmente como realmente são. Se alguém lhe perguntar como são essas pessoas, ao falar delas, você estará falando do conhecimento que tem, por viver com elas. Estará falando do seu conhecimento experiencial, baseado em sua experiência de convivência com elas.

A esse conhecimento pessoal, profundo, íntimo, baseado na convivência prolongada, chamamos de "conhecimento por experiência" ou simplesmente "experiência" daquela pessoa.

Você não me conhece por experiência. Mesmo que tenha lido algum livro meu, feito algum retiro ou participado de encontros pregados por mim, não me conhece por experiência. Nem eu o conheço. Mas se viéssemos a viver próximos, a trabalhar juntos, meses e anos, aos poucos você me conheceria por experiência, e eu a você. Este é o verdadeiro conhecimento: pessoal, íntimo, experiencial.

Quando falamos de experiência de Deus, queremos dizer exatamente o conhecimento de Deus — do nosso Deus Uno e Trino — por experiência pessoal, por convivência de vida com Ele. É o conhecimento de Deus por aquilo que nós mesmos nele fomos descobrindo, verificando, vivenciando, experienciando, constatando. É o conhecimento que fomos formando em nossa mente e coração a respeito de Deus. De Deus Pai, de Jesus e do Espírito Santo.

Esse conhecimento experiencial não se baseia, em primeiro lugar, em conhecimentos intelectuais, racionais, adquiridos em estudos de religião, em pregações, palestras ou conferências ouvidas, em cursos teológicos realizados ou em livros lidos. Esses conhecimentos por si sós podem não trazer qualquer experiência de Deus. Alguém, de fato, pode ter estudado a fundo a doutrina cristã, pode ter ouvido muitas aulas, pregações ou conferências, pode ter cursado teologia, ou até ser professor de teologia, e não ter verdadeira experiência de Deus. Aliás, é o que ocorre até demais, hoje, na Igreja católica... A teologia, os estudos, as leituras, o aprendizado da doutrina cristã podem ser um caminho, um auxílio, uma mediação para a entrada, a caminhada, o crescimento e a vivência da experiência de Deus. Mas não necessariamente ou automaticamente. Sem sombra de dúvida, os conhecimentos adquiridos serão valiosos para a experiência de Deus, somente quando a pessoa entrou por esse caminho religioso, quando vive e cultiva a experiência de Deus, pela convivência com o Deus vivo.

Conhecemos irmãos nossos de fé cristã que nunca tiveram a sorte ou a possibilidade de fazer estudos, sequer de um catecismo um pouco mais adulto, que nunca puderam aprofundar estudos das verdades da fé, mas que viveram e vivem uma experiência de Deus de fazer inveja a muitos teólogos. Entre eles, posso citar com extrema certeza e alegria meus pais. Meus pais eram de instrução primária, mas de uma experiência de Deus, de uma sabedoria de vida cristã, de uma teologia infusa, de uma vivência dos mistérios de Deus simplesmente impressionantes.

1.2. A EXPERIÊNCIA DO DEUS VIVO

Talvez você esteja se perguntando: "Como é possível conhecer a Deus por experiência"? Ele é espírito perfeito, não podemos vê-lo, nem tocá-lo, nem ouvi-lo. Está nos céus, numa realidade totalmente diversa da nossa, e infinitamente superior. Como se poderia ter uma experiência de Deus? Como conhecê-lo pessoalmente? Conhecer o marido, a mãe, um irmão, um amigo, é fácil e muito natural. Mas a Deus? Como é possível?

O ponto de partida está exatamente no dom, no presente gratuito, na grande graça da fé: no "*poder crer*", no "*conseguir crer*" no Deus vivo; no sentir presente no coração a capacidade recebida, a força interior de poder crer no Deus vivo e verdadeiro. De poder crer que Ele existe, que ele vive e está muito próximo de você; que Ele o ama e quer manter um relacionamento com você, quer lhe dar todo auxílio, cuidar de você; que deseja salvá-lo e santificá-lo.

A fé é semelhante a olhos sadios... A fé é o órgão da visão do seu espírito para poder ver a Deus e a todas as suas realidades. Quanto mais viva, firme e experiente for sua fé, tanto melhor poderá "*ver a Deus*"; tanto mais Deus se torna "*visível*", sensível, experimentável, constatável. A fé é, ainda, como os óculos de um deficiente visual. Sem os óculos nada pode ler. Os óculos lhe possibilitam ver nitidamente. Assim é o dom da fé, essa graça maravilhosa. É como óculos ou binóculo que lhe possibilitam ver a Deus e a todas as suas realidades. Que lhe permitem ver além das aparências dos acontecimentos. Que lhe permitem transfigurar os acontecimentos para descobrir a presença, a atuação, as manifestações divinas.

O dom da fé pode desenvolver-se até o infinito. Desenvolve-se pela vivência religiosa na família, na escola, na Igreja; pela participação em movimentos ou associações religiosas; pelo crescimento em alguma espiritualidade cristã específica;

por estudos ou leituras; e principalmente pela própria vivência da experiência de Deus.

Quanto mais se desenvolve a fé, tanto mais Deus se torna vivo, presente, experimentável, comunicante, atingível, amável e amante, real e atuante. Ao mesmo tempo, quanto mais vivo, presente e atuante, tanto mais Deus pode manifestar-se, e, por suas manifestações, tanto mais se confirma a fé. Forma-se, assim, o círculo virtuoso: quanto maior a fé, mais Deus se torna vivo. Quanto mais vivo, mais cresce o relacionamento com Ele. Quanto melhor o relacionamento, mais Ele se manifesta. Quanto mais se manifesta e você percebe suas obras, tanto mais crê e confia. Quanto mais você percebe suas obras e manifestações, mais cresce seu conhecimento por experiência.

É preciso repetir. A fé é um dom de Deus, um presente, uma graça divina. Como olhos do espírito, como óculos do coração, faz "*ver a Deus*", a fé possibilita ir além das aparências dos acontecimentos para descobrir a presença e a ação de Deus. Dessa forma, a fé abre todas as possibilidades de um relacionamento com Deus. Relacionamento que Deus quer, deseja, procura e pede.

Com a vinda de Jesus Cristo, não há mais dúvidas de que Deus quer a convivência com o ser humano. Em Jesus, Deus tornou-se Emanuel: Deus conosco, Deus no meio de nós, Deus a nosso favor.

Deus tomou a iniciativa. Ele veio comunicar-se conosco, de uma forma humanizada, em Jesus Cristo. Em Jesus, Deus Uno e Trino estabeleceu uma ponte singular e especial de comunicação conosco. Por isso Jesus é chamado de pontífice: porque foi "*feito ponte*" entre o Pai e a humanidade. De forma especial, em Jesus, podemos experimentar a Deus como é. Podemos conhecê-lo pessoalmente. Deus quer, portanto, esse relacionamento com o ser humano, no qual passamos a conhecê-lo por experiência pessoal.

Somente quando Deus se torna o Deus vivo, presente e atuante na vida do cristão é que pode acontecer e concretizar-se a experiência de Deus.

1.3. EXPERIÊNCIAS MOMENTÂNEAS E A EXPERIÊNCIA GLOBAL

Volto à comparação de seu conhecimento por experiência, conhecimento de seu pai, de sua mãe ou do cônjuge. Convivendo, relacionando-se, você vai conhecendo progressivamente essa pessoa. Vai descobrindo novas qualidades ou defeitos e, ao mesmo tempo, confirmando outras já conhecidas. Você sabe, por experiência, que seu pai é bom, porque muitas vezes o viu agir com bondade, em relação a você, a sua mãe, aos irmãos e a outras pessoas. Mas seu pai não acabou de ser bom. Ele continua sendo bom. E você vai perceber ainda muitas vezes sua bondade. Portanto, sua experiência de que seu pai é bom pode aumentar até o fim da vida. Assim sucede em relação a todas as qualidades ou defeitos que ele tenha: sempre que há novas manifestações, você se confirma em sua experiência anterior.

Em relação ao Deus vivo: Pai, Jesus vivo e Espírito Santo, acontece o mesmo. Em seu relacionamento com Deus, na observação do que Ele faz em você, nos outros, na Igreja e no mundo, você vai fazendo novas descobertas de como é seu Deus, ou vai confirmando outras experiências que você já possui.

Suponhamos que você já tenha feito a experiência de que Deus Pai é bom; já percebeu em sua vida, em sua família, na vida de outros, a bondade de Deus Pai manifestando-se. Por experiência você sabe que Ele é bom. Se lhe perguntarem por quê, você saberá citar muitos fatos, provas e experiências. Mas Deus Pai não esgotou sua bondade. Ele continuará a ser bom e você continuará percebendo sua bondade. Portanto, toda vez que perceber Deus Pai agindo com bondade, você poderá exclamar: vejam como Deus Pai é bom! E ao constatar sua bondade; você cresce em sua experiência de que o Pai é realmente bom. Desse modo, sua experiência de que o Pai é bom pode crescer, irá crescer, até o fim de sua vida.

Suponhamos que você já tenha feito a experiência de que Jesus vivo de fato é salvador, aqui e agora. Você experimentou seu poder salvador libertando ou curando alguma raiz de mal, alguma causa de pecado, algum vício ou problema que afligia seu interior. Jesus continua sendo salvador. À medida que você for experimentando em sua própria vida ou na vida dos irmãos o poder de Jesus manifestar-se salvando, libertando ou curando, crescerá sua experiência de Jesus salvador. Você se torna sempre mais convicto do poder salvador de Jesus.

Dados apenas dois exemplos, tenho certeza de que você compreendeu a realidade e a dinâmica do conhecimento por experiência.

Outra realidade. À medida que você cresce nas experiências parciais: experiência da bondade, da misericórdia, da fidelidade, do amor, da paciência, do poder, da divindade, da onipresença etc., cresce a experiência global de Deus. Por todas as experiências parciais vivenciadas, realizadas no decurso da vida, no relacionamento com aquela pessoa divina em questão, cresce sua experiência global de Deus.

1.4. EXPERIÊNCIA AFETIVA, EFETIVA E MÍSTICA

É preciso não reduzir a experiência de Deus a alguns momentos fortes de experiência emocional produzidos pela graça de Deus na oração profunda ou em celebrações vibrantes. Estes também podem ser momentos de experiência de Deus. Mas ela não é apenas e somente isso.

1.4.1. EXPERIÊNCIA AFETIVA

Existem as experiências afetivas ou emocionais de Deus: do Pai, de Jesus vivo ou do Espírito Santo. São aqueles momentos de relacionamento forte, quando eles se manifestam com graças, bênçãos e favores que ultrapassam os limites do espírito e invadem de alguma forma o psíquico consciente e o emocional, provocando uma experiência emocional, afetiva, como reflexo da graça acontecida.

Como sacerdote, quantas vezes vi, no confessionário, penitentes invadidos de tanta paz, alegria, certeza do perdão e do amor de Deus que choraram lágrimas copiosas e gostosas. A graça maior foi o perdão. Mas Deus quis manifestar-se, e se fez experimentar como amor que perdoa, como paz, como alegria. Não se pense que essa emoção é fugaz e nada deixa. Seria um engano. Tal experiência emocional de Deus pode deixar marcas positivas para toda a vida do contemplado. Quem a viveu possui-a como uma experiência que marcou.

Porque somos humanos, e o emocional, o afetivo é parte importante do ser humano, porque sem "coração" emocional não há verdadeiro ser humano, Deus se faz experimentar muitas vezes no emocional, no afetivo, no coração emocional.

Ocorrem muitas experiências afetivas naqueles que já alcançaram um certo grau de profundidade e comunhão com Deus na oração pessoal. Momentos fortes da presença divina; momentos de alegria por sentirem-se amados por Deus. Momentos de profundo arrependimento por terem magoado ao Deus tão santo e bom com os próprios pecados; às vezes, arrependimento até as lagrimas. Momentos de grande iluminação interior. Momentos de tristeza interior por verem Deus tão pouco conhecido e amado. Momentos de escuta profunda da voz de Deus, falando ao coração. Momentos de um amor apaixonado por Deus.

Há os que têm momentos fortes de experiência afetiva de Deus na celebração dos sacramentos. Recentemente, ao celebrar uma santa missa para um grupo de líderes da Renovação Carismática, à hora do grande encontro com Jesus vivo, na comunhão, o Senhor quis avivar a fé dos corações em sua presença real. Dos cento e trinta participantes, pelo menos uns setenta entraram numa comoção tão forte que não a podiam controlar. Choravam de profunda alegria. Foi impressionante!

Preciso deixar registrado aqui que as experiências emocionais, afetivas de Deus são verdadeiras e importantes. Não concordo e refuto opiniões tão freqüentes de que tudo isso é emocionalismo, é passageiro, é engodo, fugaz. As experiências emocionais de Deus deixam marcas altamente positivas e duradouras. Não podemos esquecer que somos "seres humanos". No ser humano, o "sentir do coração", o emocional, o afetivo é um elemento essencial, fundamental, importantíssimo. Como

Deus nos conhece muito bem, pois foi Ele quem nos fez, não deixa de procurar nos atingir também no coração, no emocional, no afetivo.

Impressionou-me muito o que escreveu o grande teólogo alemão Heribert Mühlen sobre as experiências afetivas ou emocionais de Deus. Diz o teólogo que "*uma experiência emocional de Deus marca muito mais profundamente do que um conhecimento racional de Deus*".

Frei Raniero Cantalamessa, teólogo, escritor e pregador papal, também escreve uma bela página sobre a importância da experiência emocional. *"Ao falar do amor de Deus e de Jesus Cristo, S. Paulo sempre manifesta 'emoção': 'Ele me amou... e entregou-se a si mesmo por mim'. Mostra-nos, assim, qual deve ser a primeira e mais natural reação que deve surgir em nós, ao recordarmos a revelação do amor de Deus: 'emoção'. Quando é sincera e brota do coração, a emoção é a resposta mais eloqüente e digna do homem perante a revelação de um grande amor, ou de uma grande dor... Nenhuma palavra, ou gesto, ou dom pode substituí-la, pois ela é o dom mais maravilhoso. É abrir o próprio ser ao outro... Mas a emoção faz bem sobretudo a nós que nos dispomos a acolher de forma nova a Palavra de Deus em nossa vida. De fato, ela é como a aradura que precede a sementeira: abre o coração, cavando nele profundos sulcos para que a semente não caia sobre a estrada... Quando Deus quer comunicar a alguém uma palavra importante para a sua vida, outorga-lhe habitualmente também uma emoção para acolhê-la, e esta emoção se torna, por sua vez, um sinal de que tal palavra vem de Deus. Peçamos, pois, ao Espírito o dom da emoção sadia, de uma emoção não superficial, mas profunda". (Vida sob o senhorio de Cristo, p. 28).*

1.4.2. EXPERIÊNCIA EFETIVA

A experiência efetiva de Deus ocorre quando Deus: Pai, Filho ou Espírito Santo, se manifesta de forma efetiva, isto é, de forma concreta, com um modo explícito, real, constatável externamente, de forma tal que se possa comprovar materialmente o ocorrido, e não há como negar.

Mariângela era cega de nascença do olho direito até os 29 anos. Numa oração de cura, Jesus curou imediatamente seu olho. Passou a ver perfeitamente. Ela teve uma experiência efetiva do poder de Jesus vivo. Ela experimentou o poder amoroso de Jesus, em sua pele. Não pode negá-lo.

Irmã Solange estava angustiada porque tinham acabado os mantimentos e já não tinha o que dar de comer, na ceia, a seus 37 órfãos. Foi à capela e levou o problema a Jesus. Duas horas depois, parou uma caminhoneta diante da porta do orfanato. Eram várias sacas de mantimentos. Perguntou ao benfeitor por que as trouxera. Ele disse: "Irmã, o dia todo a senhora me vinha à mente. Eu senti que alguma coisa estaria faltando aqui no orfanato. Por isso eu as trouxe". A Irmã experimentou a bondade de Deus que cuida dos pequenos.

Experiências efetivas são todas as manifestações de Deus que captamos, presenciamos, comprovamos pessoalmente, quer em nossa vida, quer na vida dos irmãos. São graças de toda espécie. São iniciativas de Deus, ou respostas divinas às nossas necessidades, que se manifestam de forma concreta, experimentável, efetiva.

1.4.3. EXPERIÊNCIA MÍSTICA

É a experiência de Deus que alguém faz quando é envolvido por Ele de forma mais intensa, profunda, transformadora ou iluminadora; quando Deus toma a iniciativa e envolve sua criaturinha humana de forma a fazê-la experimentar vigorosamente aquilo que Ele quer lhe proporcionar.

Uma graça mística de presença: Deus faz a pessoa sentir sua presença de uma forma tão envolvente que ela fica toda impregnada; fica marcada para sempre, mais ou menos profundamente, por essa experiência de Deus.

Uma experiência mística de locução: Deus fala ao coração da pessoa de forma tão clara e real, tão apropriada, que ela não tem a menor dúvida de o ter ouvido falar. Aquelas palavras ouvidas marcam.

Uma experiência de aridez: para purificar a fé e aperfeiçoar o amor, Deus gera na alma uma realidade interior de aridez total, em relação a si mesmo. A pessoa, antes acostumada às alegrias e gozo espirituais, entra numa aridez, numa secura total. Não sente mais nada, não ouve mais nada, não vê mais nada em Deus. Ele porém se encontra ali, pertinho, mas escondido; presente, mas não experimentável; purificando a fé, fortalecendo o amor, fortificando a fidelidade. A pessoa sofre a aridez, mas sabe que está no amor e na graça divina.

As experiências místicas não são privilégio dos grandes santos vivos. A verdadeira vida cristã, vivida em profundidade, é uma vida mística. A vida cristã é, de algum modo, uma vida mística, por ser uma vida de Experiência de Deus. Toda vida vivida à luz da experiência de Deus é uma vida mística.

1.5. EXPERIÊNCIA DIRETA E POR MEDIAÇÕES

Chamo de experiências diretas àquelas em que Deus Pai, ou Jesus vivo, ou o Espírito Santo se manifestam diretamente, sem o uso de intermediários ou de meios celestes, humanos ou materiais. Essas esperiências ocorrem sempre entre Deus e aquele que as faz, sem o concurso de intermediários. Sem mediações.

As experiências por mediações, como a expressão o confessa, são aquelas em que Deus se serve de algum intermediário ou meio celeste, humano ou material, para fazer chegar alguma graça ou bênção ao destinatário.

Com certeza você já teve experiências lindas de graças recebidas por meio de alguma pessoa: de um sacerdote que o perdoou; de um irmão que orou por você e recebeu a graça esperada; de uma pessoa que fez uma novena por você e a graça foi alcançada. Você fez a experiência de Deus por aquela mediação.

Deus pode usar mil mediações diferentes para lhe dar toda espécie de graças, e levá-lo a experiências cada vez mais profundas e convincentes. Os sacramentos são grandes mediações. Os Anjos e Santos de sua devoção podem ser usados como mediações divinas. A liturgia da Igreja, o ministério dos bispos e sacerdotes, a intercessão dos irmãos são outras mediações que Deus pode usar.

Deus pode ainda usar como mediações: acontecimentos gozosos ou dolorosos, doenças, sofrimentos, a morte de pessoas queridas ou conhecidas. Enfim, Ele pode servir-se de muitos meios ou instrumentos de seu amor e poder, para fazer chegar até você aquela bênção que quer lhe conceder. Ao receber a bênção, ao reconhecê-la como vinda de Deus, você tem mais uma experiência divina.

1.6. EXPERIÊNCIA DE CADA UMA DAS PESSOAS DIVINAS

Nosso Deus, o Deus único e verdadeiro quis revelar-se como é. Por meio de Jesus, o nosso Deus revelou ser Uno e Trino. Um Deus só. Um Deus em três pessoas realmente distintas. Por meio de Jesus, Deus se revelou, declarou-se ser Pai, ser Filho e ser Espírito Santo. Jesus em muitas oportunidades falou do Pai, falou que é o Filho e falou do Espírito Santo. Nós o cremos firmemente, não porque por nós mesmos o possamos provar, mas porque Ele mesmo o revelou. Nele, podemos crer!

Como são três pessoas realmente distintas, e cada uma tem sua personalidade própria, seu modo próprio de ser, seu modo específico de se manifestar, podemos conhecer pessoalmente, por experiência, a cada uma delas. Podemos conhecer o Pai por experiência própria, por um relacionamento pessoal com Ele. Podemos conhecer por experiência pessoal a Jesus vivo, ressuscitado, o Filho de Deus Pai. Podemos, também, ter um conhecimento por experiência pessoal do Espírito Santo.

A experiência de cada uma das pessoas divinas é singular, é própria, diferente. Exatamente porque as três pessoas são realmente distintas.

Quem vive a experiência de Deus em estágio um pouco mais profundo, adulto e cultivado, sabe por própria experiência como são distintas as pessoas divinas, e como são distintas, também, as experiências de cada pessoa. No relacionamento com as pessoas divinas, você percebe claramente quando está em contato com o Pai, quando é o Pai quem fala, quem se manifesta. Percebe com nitidez quando o encontro é com Jesus vivo, quando é Ele quem fala, quem se manifesta, quem atua. Percebe, também, quando o relacionamento está ocorrendo com o Espírito Santo, quando é Ele quem inspira, quem move, quem fala, quem se manifesta.

A experiência de cada pessoa é uma realidade que traz muita alegria espiritual, exatamente porque introduz na convivência com a Trindade. Na comunhão com a Trindade, mergulha-se no oceano infinito do amor de Deus, que revela a Trindade como uma Unidade divina. No amor do Deus Uno e Trino, descobre-se o sentido de todas as coisas criadas, nos céus e na terra.

1.7. LUGAR DA EXPERIÊNCIA DE DEUS

"Onde, quando e como" ocorrem os momentos de experiência de Deus, momentos que, somados, formam a experiência global de Deus? O lugar dessa experiência é o coração humano e o coração do universo. É ali que Deus se manifesta. É ali que podemos percebê-lo e conhecê-lo por experiência própria. O lugar da experiência de Deus é a própria vida, a vida dos irmãos, dos grupos e comunidades humanas, e o próprio universo.

1.7.1. A PRÓPRIA VIDA E A HISTÓRIA PESSOAL

Sua própria vida e história pessoal é o lugar privilegiado onde Deus — e cada uma das pessoas divinas — se faz presente, manifesta-se, age, inspira, move, liberta, cura, perdoa, socorre, alegra, santifica, ilumina, orienta, põe à prova, questiona.

A Trindade veio habitar em seu coração pelo Batismo. Veio habitar para fazer parte ativa, dinâmica e importante de sua vida. Veio para fazer acontecer sua história pessoal de salvação e de santificação. A Trindade veio habitar em você porque cada uma das pessoas tem uma tarefa a realizar em sua vida pessoal.

O Pai quer ter uma presença paternal e realizar em você tudo o que um pai, o melhor de todos os pais, gosta de realizar na vida do filho bem amado. Ele quer ser Pai, quer e precisa agir como Pai em sua vida.

O Filho de Deus, Jesus ressuscitado, quer estar presente como único e grande salvador e senhor, para realizar tudo aquilo que, em seu amor infinito, pode realizar por você. Ele precisa realizar a sua obra em você. É sua missão salvá-lo. Salvá-lo cada dia um pouco mais. Salvá-lo de todas as sementes de morte que existem no mais profundo de seu ser.

O Espírito Santo quer estar presente como santificador, como aquele que tem a missão de realizar a melhor santificação de sua vida, em função da vida terrena e eterna. Ele quer agir. Ele precisa agir. É sua missão em você, santificá-lo, produzir santidade, todos os dias.

Ao olhar para seu passado, ao examinar sua história pessoal, você poderá ir descobrindo, desvendando, percebendo cada vez mais nitidamente a presença de Deus e Sua atuação em sua vida. Essas descobertas o tornam mais consciente de sua experiência de Deus.

Como auxílio para descobrir as manifestações divinas em sua vida, você pode servir-se de perguntas:

— Qual foi o primeiro momento em minha vida em que percebi a presença e a ação de Deus? Quando foi? Onde foi? Como foi? Foi o Pai quem agiu? Foi Jesus vivo? O Espírito Santo?

— Em que momentos de minha meninice, adolescência e juventude tive experiências de Deus, percebi-o agindo em mim? Quando, onde, como foi? Qual foi a Pessoa divina que se manifestou?

— Em que momentos de minha vida adulta experimentei Deus presente e se manifestando? Quando, onde, como foi? Posso identificar qual foi a Pessoa divina que se manifestou?

— Em que momentos bons e felizes, momentos de sucessos e vitórias, de crescimento e realizações, percebi Deus presente e agindo, tive certeza de que Ele estava atuando? Quando, como, onde foi?

— Em que momentos de sofrimentos, de insucessos, de fraquezas ou fracassos, de dor ou desânimo, percebi Deus presente e agindo? Quando, onde, e como Ele se manifestou?

— Em que momentos de minha vida, Deus — cada uma das pessoas — usou de mediações: pessoas, acontecimentos ou circunstâncias, para me tocar, para agir em minha vida, para fazer chegar até mim sua ajuda, suas bênçãos? Quem foi a pessoa usada? Qual o acontecimento usado por Deus?

— Em que momento de minha vida percebi claramente Deus agindo em alguma pessoa conhecida, a ponto de me impressionar? Quem foi a pessoa? O que ocorreu com ela?

— Em que momento de minha vida percebi Deus agindo em algum grupo de pessoas de forma a me chamar a atenção? Quando foi? Qual foi a ação de Deus percebida por mim?

Uma reflexão calma, profunda e prolongada da própria história, nesta ótica da fé, pode revelar a maravilhosa presença de Deus em sua vida e convencê-lo de sua experiência de Deus.

Você poderia realizar com muito proveito esta tarefa: repassar cada dia uma parte da própria vida e descrever suas experiências de Deus. Seria de grande utilidade para o crescimento de sua consciência e de sua vivência da Experiência de Deus.

1.7.2. A VIDA DOS IRMÃOS

Compartilhando uma vida de fé com irmãos de caminhada, ao observar o que Deus realiza neles, como Ele se manifesta em suas vidas, as bênçãos que recebem, as transformações que ocorrem, a santidade que se manifesta neles, cresce sua experiência de Deus. Cresce sua consciência e certeza de que Ele aí está, e está se manifestando. É confirmado seu conhecimento de Deus.

Um sacerdote, ao observar o que Deus está realizando nas ovelhas que dirige, ao observar a obra de Deus nos corações de seus paroquianos, confirma que Deus ali está, e está operando. Cresce sua experiência de Deus.

Uma catequista, um evangelizador, um pregador, ao observar a obra de Deus no coração das pessoas a quem servem, percebem a presença de Deus agindo. Confirmam que Deus ali está, e está operando. Crescem em sua experiência de Deus.

Formadores de seminaristas, de candidatas à vida religiosa, ao observar atentamente a obra de Deus no coração dos vocacionados, não podem negar que Deus ali está, e está agindo. Crescem na experiência de Deus.

Desse modo, ao perceber e admirar o que Deus Pai, o que Jesus vivo e o Espírito Santo realizam no coração dos irmãos, você cresce em sua experiência de Deus.

1.7.3. A VIDA DOS GRUPOS E COMUNIDADES

Deus age nos corações. A partir dos corações, age nos grupos de pessoas, nas comunidades, como num todo. Age comunitariamente, criando novas estruturas, novo clima de convivência cristã, fazendo o grupo ou comunidade realizar uma nova caminhada, quer de conversão, quer de unidade, ou de solidariedade, ou de partilha, ou de nova ação apostólica. Ao se observar o que Deus faz naquele grupo ou comunidade, cresce a experiência de Deus. Cresce a certeza de que Deus ali está, e está agindo, atuando, realizando sua obra.

1.7.4. O UNIVERSO

Os contemplativos, os que possuem a graça de saber transfigurar as criaturas, isto é, de ir além das aparências das criaturas e encontrar o criador, estes crescem em sua experiência de Deus, toda vez que mergulham fundo nas maravilhas da criação. O universo criado é lugar de experiência de Deus.

1.8. A EXPERIÊNCIA DE DEUS COMO PROCESSO

A experiência de Deus é processo de uma vida toda. Ela se inicia algum dia, quando ocorre um primeiro encontro experiencial com o Deus vivo. A partir de então, à medida que o relacionamento com o Deus vivo prossegue, cresce e desenvolve-se, a experiência de Deus vai se firmando, crescendo, confirmando-se, tornando-se adulta. Perpassa toda a vida. Penetra na eternidade. Só conheceremos totalmente a nosso Deus vivo quando estivermos face a face para sempre.

Na verdade, ninguém pode chegar a um grau máximo em sua experiência de conhecimento pessoal de Deus. Deus é infinito e não podemos esgotá-lo, a ponto de nada mais podermos experienciar de novo e de maior nele. Deus é a eterna novidade. É a infinitude. Deus é a infinita grandeza e a inesgotável riqueza. Podemos, pois, crescer sempre mais em nosso conhecimento pessoal, experiencial de Deus. Mesmo nos céus, em sua glória, Ele será sempre a eterna novidade a ser descoberta, admirada, contemplada, glorificada. Nossa experiência de Deus pode crescer sempre mais, mesmo estando em sua presença facial na glória eterna.

A Renovação Carismática, por ser uma espiritualidade pentecostal renovadora da vida cristã, por ser um novo pentecostes renovador "*da Igreja e na Igreja*" (João Paulo II), é essencialmente uma espiritualidade de experiência de Deus. Nasce da experiência de Deus. Está baseada na experiência de Deus. Vive da experiência de Deus e se alimenta necessariamente dela. Eliminando-se ou divorciando a experiência de Deus da Renovação Carismática, desta não sobra mais nada. Seria como um balão plástico inflado de ar, sem conteúdo significativo.

CAPÍTULO DOIS

A EXPERIÊNCIA DE JESUS VIVO

Conhecer Jesus vivo pessoalmente, por convivência pessoal, por experiência pessoal: eis a experiência pessoal de Jesus.

Relembremos concretamente o que é conhecer por experiência. Você conhece seu pai, sua mãe, seus irmãos, por experiência. Convivendo com eles, você foi formando um conhecimento interior de cada uma dessas pessoas: de suas qualidades, virtudes e ideais, bem como de seus problemas, limitações e defeitos. Se você é casado, conhece profundamente por experiência como é seu cônjuge. Convivendo com ele, você foi fazendo sempre novas descobertas, novas experiências de sua personalidade, de suas qualidades e limitações.

O conhecimento dessas pessoas não é constituído apenas de idéias, de teorias, daquilo que outros disseram, do que você leu a respeito dessas pessoas queridas. É, isto sim, um conhecimento formado em seu "coração", em sua interioridade, por meio de experiências sucessivas vividas com elas, vivências boas ou dolorosas.

É exatamente assim o conhecimento experiencial de Jesus vivo. A experiência de Jesus consiste em conhecê-lo pessoalmente por meio da convivência com Ele, que está vivo, está com você, e se manifesta. Conhecê-lo por meio do relacionamento interpessoal constante, diário, íntimo e profundo com Ele. Conhecê-lo pessoalmente, intimamente, profundamente.

Experiência de Jesus é conhecer Jesus ressuscitado como Ele é realmente. O conhecimento experiencial não é um conhecimento baseado no que outros dizem, escrevem, pregam, desdizem, difamam, negam ou contradizem a respeito de Jesus vivo. Ele consiste em conhecer sua personalidade, suas qualidades, suas virtudes, seus ideais, seu modo de pensar, de agir e reagir; conhecer seu coração no que tange a seu amor ao Pai, ao Espírito, a sua mãe Maria, aos pecadores, às crianças. Conhecê-lo, enfim, intimamente. A esse conhecimento pessoal e íntimo chamamos de experiência de Jesus vivo.

Dizem, escrevem que Jesus é bondoso. Ele é realmente bondoso? Em sua experiência pessoal, convivendo com Ele no caminho de sua fé, Jesus tem dado provas de bondade? Você poderia narrar experiências pessoais da bondade de Jesus? Ou da bondade dele manifesta para com outras pessoas? Você poderia falar de Sua bondade, não apenas citando textos evangélicos, mas narrando fatos atuais?

Dizem que Jesus é muito misericordioso para com os que erram, pecam mas se arrependem. Dizem que Ele não os acusa, não os condena, mas os perdoa e salva. É verdade o que dizem? Você tem percebido no coração dele essa qualidade? Já experimentou a misericórdia de Jesus em sua vida, ou na vida de alguém? Você já comprovou pessoalmente essa qualidade?

Escrevem, dizem, contam que Jesus é muito poderoso para libertar e curar os espíritos, as mentes e até os corpos. Que Ele expulsa os males, que liberta as pessoas de forças negativas de vícios, de pecados, de traumas, de contaminações. Dizem. Qual é sua experiência a respeito? Você tem conhecimento de Jesus estar fazendo tais obras hoje? Você já experimentou esse poder em sua vida? Conhece pessoas que foram libertadas e curadas por Jesus?

Escrevem, dizem, pregam que Jesus vivo é manso e humilde. Que tem uma personalidade maravilhosa, cheia de brandura, que Ele é um mel! É assim que você o tem percebido em seus relacionamentos com Ele? Você tem comprovado toda sua afamada doçura e humildade?

Dizem, escrevem, pregam que é fiel, serviçal ao extremo, e um apaixonado pelas crianças e jovens; que nunca condena as pessoas mas procura salvá-las; que é piedoso; cumpre a palavra dada; que jamais esconde a verdade, que defende a verdade e o bem, custe o que custar; que é um apaixonado por seu Pai e grande amante de sua mãezinha.

Você concorda com essas afirmações? É assim que você o tem conhecido? É essa sua experiência pessoal?

Esse é o conhecimento pessoal, experiencial de Jesus. Essa é a experiência pessoal de Jesus vivo.

2.1. É POSSÍVEL CONHECER JESUS PESSOALMENTE?

A pergunta é importante e pertinente. A resposta, se baseada na observação da forma como a vida católica é vivida hoje, como se faz a pregação e a ação pastoral hoje, como se vive a fé católica hoje, a resposta, repito, parece ser clara: não! Não se conhece, não se pode conhecer Jesus pessoalmente.

Para aqueles que consideram Jesus um personagem que viveu há dois mil anos, que foi crucificado, morreu, foi sepultado e teve o seu fim, a resposta não pode ser outra: não! Não é possível conhecer pessoalmente a um defunto. É um absurdo pensar em conhecer pessoalmente a Jesus.

Mesmo para aqueles que crêem que Jesus ressuscitou, subiu aos céus e está sentado à direita do Pai, donde há de vir a julgar os vivos e os mortos; mas que pensam que ele foi para os céus, está distante, inatingível, sem acesso pessoal, não pode ser visto, ouvido, e talvez nem nos ouça, para esses a resposta é a mesma: não! Não há como conhecer Jesus pessoalmente.

Até mesmo para tantas pessoas que seguem certas formas de "fazer teologia, hoje", a resposta vem pronta: não! Isto é coisa do Jesus histórico, dizem!

Para os que vivem a experiência de Deus, para os que têm em seus corações a experiência do Deus vivo, a resposta é: Sim! Mil vezes Sim!

E o dizem não por conclusão teológico-racional, mas por experiência pessoal. Eles O conhecem por experiência! E contra fatos experimentados não há argumentos.

Jesus, antes de elevar-se à glória da Trindade, declarou: *"Estarei convosco todos os dias até a consumação dos séculos"* (Mt 28,20). E disse também: *"Quando dois ou mais estiverem reunidos em meu nome, estarei no meio deles"* (Mt 18,20). Aliás, Ele é o Emanuel, isto é, o Deus-conosco! O Deus que veio armar sua tenda no meio de nós!

Sendo Deus, Filho do Pai, segunda Pessoa da Trindade santa, Jesus é onipresente. Está presente em todos os lugares do mundo ao mesmo tempo, onde haja um ser humano para ser salvo e santificado, onde haja um coração aberto para Ele. Embora invisível aos olhos materiais, pode ser visto com os olhos do coração. E, embora não audível aos ouvidos físicos, pode muito bem ser ouvido com a audição do coração. Embora não tangível fisicamente, pode muito bem ser tocado com os dedos, com as mãos, com os braços do coração. Isso não é poesia, nem muito menos fantasia. É realidade. Realidade experimentável.

Para quem tem a graça da experiência de Deus, essas afirmações não são misteriosas, nem descabidas ou loucas. São uma experiência. Aliás, uma experiência constante, transformadora, crescente e gratificante.

Se pudéssemos convencer a falar clara e corajosamente milhões e milhões de homens e mulheres, Santos do passado e do presente, ouviríamos revelações maravilhosas, encantadoras e invejáveis de seu conhecimento de Jesus vivo, bem como de suas muitas experiências pessoais de convivência com o Senhor.

Não é isso o que diz o teólogo Karl Rahner com sua surpreendente afirmação? *"A pessoa piedosa do amanhã, ou será um místico, isto é, 'alguém que experimentou alguma coisa', ou deixará de ser piedosa. Para aquele que crê é, pois, um impera-*

tivo tomar consciência de sua experiência religiosa compreendida como presença vivida e encontro de comunhão com Deus.

Precisa demonstrar que sua fé não é uma árida abstração, mas se constitui num tecido ligado à vida. Deve, de alguma maneira, repetir com A. Frossard: 'Deus existe e eu o encontrei.'"(Novo Dic. Esp., p.1528).

O futuro do catolicismo depende da capacidade da hierarquia de mudar totalmente de discurso e de práxis, a fim de levar o católico de qualquer idade a ser um místico, a viver a experiência do Deus vivo em profundidade, no dia-a-dia de sua vida pessoal e eclesial. No Brasil, essa possibilidade de mudança de grande parte da hierarquia é muito remota, por causa do racionalismo teológico e do psicologismo que, na práxis, exclui a ação da graça, bem como do sociologismo que relega a um plano muito secundário a vida no Espírito. O Espírito Santo, alma da Igreja, por certo fará a mudança, apesar dessa parcela da hierarquia. Muitos católicos estão se tornando místicos por meio da Renovação Carismática e de outros movimentos de espiritualidade, apesar de nem sempre serem bem vistos, nem compreendidos, e até rejeitados por membros da hierarquia.

2.2. A EXPERIÊNCIA DE SÃO PAULO

Paulo, o apóstolo fascinado por Jesus, não conheceu Jesus fisicamente. E em nenhum lugar consta que ele tenha tido algum contato pessoal com o Senhor, antes da ressurreição.

Temos notícias de Paulo, pela primeira vez, no apedrejamento de santo Estêvão, algum tempo após Pentecostes (At 7,58). Encontramo-lo, depois, no caminho de Damasco, onde iria prender os cristãos. Ali, Jesus ressuscitado, sem mostrar-se fisicamente, atingiu-o violentamente. Paulo ouve uma voz misteriosa. Faz perguntas e recebe respostas. Fica cego. Está profundamente abalado diante dos fatos. À pergunta "*Quem és, Senhor?*", a resposta é clara: "*Eu sou Jesus, a quem persegues*" (At 9,5).

Paulo, perseguidor de Jesus, em três dias de cegueira, em meio à humilhação mas com muita iluminação e unção divina, torna-se o grande e imbatível apóstolo de Jesus ressuscitado.

A partir desse dia, Paulo começa sua caminhada de relacionamento pessoal com Jesus ressuscitado, a quem não vê, não ouve, não toca fisicamente, mas com quem convive de forma extraordinária, constante e crescente.

Ao ler as cartas de são Paulo nessa ótica, você percebe o profundo conhecimento que tinha da pessoa, da doutrina, dos ideais, das qualidades, virtudes e belezas da personalidade do Mestre. Paulo conheceu Jesus profundamente. Conheceu-o por experiência de convivência em seu caminho de fé, de vida cristã mística. Paulo tinha e cultivava uma extraordinária experiência pessoal de Jesus vivo.

Como Paulo, milhares e milhares de outros, na Igreja primitiva, conheceram a Jesus, não por uma convivência física, por terem estado na companhia de Jesus histórico, mas, por convivência mística com Jesus ressuscitado.

Em sua bela carta aos Filipenses, para realçar a grande importância em sua vida do encontro e do conhecimento de Jesus, Paulo enumera uma série de grandezas humanas que poderia ostentar, das quais poderia se gloriar. Mas essas grandezas são nada em comparação com o conhecimento de Jesus vivo. Paulo enumera suas grandezas humanas:

"Se alguém julga ter motivos humanos para se gloriar, muito maiores os possuo eu":

1º "Fui circuncidado ao oitavo dia"... No dia apropriado e exato, portanto. Isso era um privilégio. Poderia gloriar-se.

2º "Sou da raça de Israel, da tribo de Benjamim, hebreu, descendente de hebreus". De sangue azul... da raça pura... Poderia gloriar-se.

3º "Quanto à lei, fui fariseu." Cumpridor fiel... ao pé da letra. Poderia gloriar-se.

4º "Quanto ao zelo pela lei: fui um perseguidor da Igreja." O amor à lei judaica, o zelo pela integridade da lei, fá-lo um perseguidor de quem vinha transtornar a lei, e dizia que agora a lei era outra. Poderia gloriar-se de seu zelo pela lei.

5º *"Quanto à observância da justiça da lei, declaradamente irrepreensível."* Era irrepreensível quanto ao cumprimento da lei de seu povo e de sua religião. Poderia gloriar-se e apresentar-se como exemplo. (Cf. Fl 3,4-7)

Realmente, Paulo poderia gloriar-se. Tinha argumentos, grandezas, importâncias, privilégios. Mas em seguida faz uma declaração surpreendente. Toda sua grandeza humana hebraica, toda essa glória humana judaica é nada, é lixo, esterco, em comparação com a grandeza de "conhecer e ser íntimo de Jesus ressuscitado". Ele diz textualmente: *"Mas tudo isso que para mim eram grandezas e vantagens, considero-as como prejuízo, por causa de Cristo. Sim, considero tudo isso como prejuízo em comparação com esse bem supremo: o conhecimento de Jesus Cristo, meu Senhor. Por ele, tudo desprezei e tenho em conta de esterco a fim de ganhar Cristo, e estar com Ele" (Fl 3,6-9).*

É possível conhecer Jesus ressuscitado pessoalmente? Sim. Paulo o conseguiu de forma extraordinária. Milhões o conseguiram e o conseguem ainda hoje. E é o caminho a ser seguido por todo católico. Sem um conhecimento pessoal, experiencial, profundo e crescente de Jesus ressuscitado, não há verdadeira vida cristã.

2.3. EXPERIÊNCIAS PARTICULARES

Podemos falar de experiências particulares e experiência global ou total da pessoa de Jesus. Experiências particulares são o conhecimento pessoal de cada qualidade, virtude, capacidade ou beleza da personalidade de Jesus. Por exemplo: do amor, da humildade, da divindade, da capacidade de perdoar etc. Experiência global é o conhecimento total, de todas as experiências particulares.

Descrevo as experiências particulares mais comuns e importantes, sempre com a finalidade de auxiliar o leitor a compreender e, mais ainda, crescer em sua experiência pessoal de Jesus.

2.3.1. *EXPERIÊNCIA DE RESSURREIÇÃO*

A primeira maravilha operada pelo Espírito Santo no coração daquele que o acolhe é a experiência pessoal de ressurreição. Isto é, o Espírito faz Jesus ressuscitar, tornar-se vivo para você. Faz Jesus "*pular para fora da sepultura em sua vida*" provocando um encontro forte e profundo entre Jesus ressuscitado e você.

Nessa graça, Jesus se torna verdadeiramente vivo, e você passa a relacionar-se de forma nova, muito mais existencial e profunda com o Senhor ressuscitado. Jesus vivo torna-se muito presente, experimentável, atuante, amigo, salvador e senhor. Há, de fato, uma mudança maravilhosa em seu coração.

Prezado leitor, uma coisa é você ter notícia de que Jesus ressuscitou. Outra, infinitamente maior, é você "*estar convivendo*" com Jesus ressuscitado; estar experimentando em sua pele, em sua vida a presença do Senhor ressuscitado, com suas obras e graças. É você viver a experiência maravilhosa da convivência com Jesus vivo.

Todo católico sabe que Jesus um dia ressuscitou. Sabe porque ouviu dizer, porque ouviu pregações, porque leu. Aliás, até sabe que a Páscoa lembra a ressurreição de Jesus. Sim, todo católico o sabe. Mas é uma pena, e uma verdade profundamente lamentável que a grande maioria dos católicos não convive com Jesus vivo, não teve um encontro pessoal, profundo, "*de olhos abertos*" (João Paulo II) com Jesus vivo; não experimenta Sua presença; não tem uma vida de relacionamento profundo com Jesus vivo.

Há, na verdade, uma diferença infinita entre alguém saber, ter notícia que Jesus ressuscitou, e alguém ter tido um encontro pessoal com Jesus vivo, estar convivendo diariamente com ele vivo, num relacionamento concreto e salvífico.

Quando acontece o Batismo no Espírito, a graça da experiência da ressurreição de Jesus sempre acontece. O Espírito Santo ressuscita Jesus em sua vida. E quando Jesus ressuscita, quando se torna vivo para você, tudo se transforma, tudo muda, tudo encontra um novo e verdadeiro sentido.

A partir da experiência de Jesus vivo, há uma mudança maravilhosa na vida de fé e de oração, na vida sacramental e apostólica, na vida pessoal familiar e em todos os seus relacionamentos com Deus, consigo mesmo e com as pesssoas. A luz do ressuscitado ilumina e dá significado a todas as coisas e relacionamentos.

A experiência de ressurreição é fundamental e necessária para todas as outras experiências particulares de Jesus, para você poder conhecer toda a sua personalidade. Sem ter Jesus vivo, se Jesus for um defunto em sua vida, não há mesmo possibilidades de conhecê-lo pessoalmente. Como você poderia conhecer por experiência uma pessoa morta?

Quando Jesus ressuscita e torna-se vivo, quando você tem um relacionamento muito vivo e íntimo com o Senhor, então, nessa convivência, ajudado pelo Espírito, irá descobrindo todas as maravilhas da pessoa e personalidade de Jesus. Passará a realizar a experiência da pessoa toda de Jesus. Descobrirá pessoalmente o amor de Jesus, a bondade, a mansidão, a humildade, o poder, a misericórdia e todas as outras riquezas e belezas da personalidade do Senhor.

2.3.2. EXPERIÊNCIA DE JESUS SALVADOR

Quando acontece a graça da efusão, do Batismo no Espírito, o próprio Espírito Santo o leva a fazer a necessária experiência de Jesus salvador. Primeiro, Jesus se torna vivo, ressuscita para você. Depois, Jesus vivo, ressuscitado, é reconhecido, é experimentado e buscado por você como salvador, como seu salvador pessoal. Tudo por obra do Espírito Santo.

O Espírito Santo revela a seu coração batizado que Jesus vivo, ressuscitado, é seu salvador pessoal. Que é o único que pode fazer acontecer em você a salvação verdadeira e plena. Que fora dele não há salvação.

O Espírito ilumina seu coração e faz com que perceba sua realidade de pecador, bem como sua necessidade de salvação. O Espírito mostra-lhe claramente sua realidade interior ferida pelo pecado original, cheia de tendências para o mal: orgulho, inveja, vaidade, sensualidade, ganância, materialismo, egoísmo, idolatria, impiedade e adultério. O Espírito Santo ilumina e mostra a presença de tantas marcas negativas que precisam ser curadas e salvas: traumas, frustrações, recalques, decepções, feridas emocionais, medos, angústias, inseguranças, dúvidas, tristezas e depressões. O Espírito, que é luz iluminadora de seu coração humano, leva-o a descobrir sua dolorosa realidade pecadora.

Ao mesmo tempo, o Espírito leva-o a descobrir que Jesus vivo pode intervir, pode agir, pode manifestar-se e realizar a transformação de toda sua realidade dolorosa. O Espírito revela que Jesus é verdadeiramente salvador. Que Ele veio como salvador, para ser salvador. Que tem poder divino para salvar. Que até seu nome, Jesus, significa "*Javé-salva*", ou salvador. O Espírito ensina que salvar é exatamente libertar, curar, transformar toda essa realidade de pecado em graça, em vida nova, em coração novo e espírito novo.

Diante dessas revelações feitas pelo Espírito ao coração, você começa a buscar em Jesus as graças de salvação. E Jesus, que veio para salvar, inicia sua tarefa de salvação, agindo concretamente: libertando, curando, transformando. Você experimenta a ação salvadora de Jesus vivo, encanta-se com os resultados, cresce em sua certeza de que em Jesus encontrou a solução. Você entra em "*experiência*" de Jesus salvador, ou em experiência de salvação. Passa a experimentar em sua própria pele, em sua própria vida, a força salvadora de Jesus.

E, para animação maior, você encontra na Renovação Carismática meios novos, instrumentos importantes para fazer acontecer as graças de salvação. Descobre a poderosa oração de libertação, favorecida pelos carismas de discernimento, de ciência, de línguas. Descobre a importante e tão eficaz oração de cura interior, favorecida pelos carismas de ciência, discernimento, profecia, sabedoria e línguas. Encontra a necessária oração de cura emocional para curar as feridas do coração, tão presentes em todas as pessoas. Reencontra a Confissão sacramental como um renovado modo de cura espiritual. Reencontra a Unção dos Enfermos como sacramento de cura física, mas também de cura do espírito, do psíquico, e do coração.

Essa experiência de salvação pessoal, experiência de Jesus como salvador pessoal, toca profundamente o coração. Nela parece que encontramos um "*catolicismo novo*", uma "*nova religião católica*", com um Jesus muito vivo, experimentável como salvador, com um Jesus que se faz presente e atua de maneira inegável e experimentável. Essa experiência tem mudado a vida de muitas, muitíssimas pessoas. É algo tão próprio da Renovação Carismática. Aliás, deveria ser algo comum na vida da Igreja católica.

2.3.3. EXPERIÊNCIA DO AMOR DE JESUS

Outra descoberta linda que o Espírito Santo leva seu coração a fazer é a experiência de que Jesus vivo e salvador é amor. Trata-se da experiência do amor de Jesus: de "*ser amado*" pessoalmente por Jesus, de "*sentir-se amado*" por Jesus, e de "*sentir-se amando*" a Jesus.

Em seu relacionamento pessoal com Jesus vivo, você vai descobrindo, percebendo e experienciando quanto Ele o ama pessoalmente. Vai experimentando o amor pessoal, concreto e eficaz de Jesus, que o chama para uma amizade profunda. Que começa a lhe falar ao coração. Que o perdoa para reanimá-la. Que o liberta de suas prisões interiores, e o cura de seus males do espírito, da mente e do corpo. Que o chama a crescer no amor e doação aos irmãos. Que lhe dá seu Espírito, seu Pai, sua mãe e muitos irmãos. Que lhe revela os segredos de seu coração. Enfim, que se manifesta como o melhor dos amigos.

Nessa caminhada de relacionamentos envolvidos de amor, você passa a sentir-se amado. Percebe que Jesus o ama pessoalmente, como você é, sem impor condições, e de forma gratuita.

Por sentir-se amado, tocado por esse amor, você cresce em seu amor pessoal, em sua admiração pelo grande amigo, Jesus vivo. No sentir-se amando, sente-se alegremente impulsionado a conhecer mais e mais a Jesus, sua doutrina, seu reino. Sente-se naturalmente impelido a converter-se mais, a comprometer-se mais com Ele.

Essa experiência do amor de Jesus dá um tempero especial à vida cristã. Você sente que agora tem vida nova. Que sua religião é vida, e vida de amor. Tem um sabor novo de viver toda sua vida em todos os seus aspectos. Suas práticas religiosas serão realizadas com amor e por amor.

A partir dessa experiência você descobre o "*coração*" de Jesus ressuscitado. Isto é, descobre que seu Jesus ressuscitado é uma pessoa "*movida a amor*". Que tudo o que Ele falou e fala, fez e faz, enfim, que tudo o que realiza, Ele o faz movido, impelido por seu coração transbordante de amor. Você transfigura todas as ações de Jesus e percebe nelas a presença de seu amor atuante.

Ao ler os evangelhos, você percebe em cada atitude de Jesus seu amor em ação. Quando cura um cego, um paralítico, um leproso, é por amor que o faz. Quando perdoa a pecadora penitente, a prostituta, o bom ladrão, é por amor que perdoa. Quando ressuscita Lázaro, o filho da viúva de Naim, a filha de Jairo, é por amor que o faz. Quando prega, viaja de cidade em cidade para pregar, é seu amor que o impulsiona. Quando abraça a cruz, se deixa pregar nela, morre e ressuscita, é o amor que o impele.

Quando você vê, hoje, Jesus vivo libertando a tantos cativos de pecados, de vícios, de escravidões das falsas religiões, e do próprio satanás, sabe e percebe que é por incrível amor que Ele o faz. Quando toma conhecimento das pessoas hoje curadas em seus corpos: cegos, coxos, paralíticos, cardíacos, aidéticos etc., sabe que Jesus está agindo, movido por seu amor. Ao perceber Jesus derramando tanto seu Espírito Santo, você sabe que Ele o está fazendo movido por seu coração.

Essa experiência do amor de Jesus é muito forte e presente, hoje, entre os participantes da Renovação Carismática, que vivem seu Batismo no Espírito Santo. É o que empolga a muitos que conhecem a Renovação.

2.3.4. EXPERIÊNCIA DO SENHORIO DE JESUS

Eis outra experiência, nova, forte e transformadora, que o Espírito Santo leva seu coração a fazer: descobrir e experimentar que Jesus vivo é Senhor. Senhor de sua vida, de todas as coisas, de tudo o que pareceria lhe pertencer. Senhor de seu passado, de seu presente e de seu futuro. Senhor de sua família, de suas propriedades, de seu trabalho, de seu tempo. Senhor da história e do mundo.

O Espírito Santo faz compreender o que significa dizer: "*Senhor Jesus*". Faz compreender que quando você chama a Jesus vivo de "*Senhor*" trata-se de uma realidade completamente diferente daquela em que você chama um ser humano de senhor. Quando você diz: senhor Antônio, senhor João, senhor Alfredo, está usando uma forma polida de tratamento social. Mas em relação a Jesus a palavra "*Senhor*" tem outro significado, muito específico. O Espírito Santo faz compreender que dizer "*Senhor Jesus*" é afirmar que Jesus é "*o Senhor, o dono, o possuidor, aquele que é proprietário, a quem pertencem*" todas as pessoas e todas as coisas.

O Espírito Santo revela que, antes de Jesus vir, éramos todos "propriedade, pertença, escravos" do antigo senhor, do antigo dono, do antigo proprietário: o demônio. Jesus veio nos resgatar. Pagou um alto preço por nós. Resgatou-nos não a preço de dólares, de reais, de ouro ou de prata, mas nos comprou, nos adquiriu com o preço de sua vida entregue na cruz, a preço de seu sangue. Diz São Pedro: *"Sabeis que não é por bens perecíveis, como ouro ou prata; que tendes sido resgatados... mas pelo precioso sangue de Cristo, cordeiro imolado e sem defeito algum.* (1Pd 1,18-19. Cf. 1Cor 6,20; 7,23). Porque Jesus nos resgatou, nos comprou, nos adquiriu, somos dele, lhe pertencemos, somos propriedade sua e, portanto, Ele é nosso novo dono, nosso novo proprietário, nosso novo Senhor.

O novo Senhor, Jesus, não nos resgatou para sermos seus escravos. Não nos quer escravos, mas livres. Ele nos dá a verdadeira e plena liberdade de filhos de Deus. Liberdade em relação ao demônio, ao pecado e a todos os males. Ele nos comprou exatamente para dar-nos essa liberdade.

O Espírito, ao revelar com muita clareza essa verdade tão profunda e comprometedora, produz no coração uma grande alegria, seguida, aliás, de muita entrega e segurança, porque "*não há senhor tão bom, tão amoroso, tão poderoso, tão salvador, tão libertador, tão generoso e doador de todos os bens, como Jesus*". Não pode haver senhor mais maravilhoso do que Ele: Jesus ressuscitado.

Na alegria do senhorio de Jesus, o Espírito faz seu coração descobrir outra maravilha: de ser "*servo*". Sim, "*servo do Senhor Jesus*". Sentir-se "*servo*" tão amado pelo Senhor Jesus, tão precioso a seu coração, e tão cuidado por Ele, produz grande alegria interior. Ao mesmo tempo, gera a vontade e a necessidade de fazer uma "*entrega total*" da própria vida ao Senhor. Gera a "*segurança pessoal*" por ter tão grande Senhor. Gera uma despreocupação maior por pertencer a tão poderoso Senhor que tudo pode, que tanto ama ao servo e, para tê-lo, pagou um preço tão alto.

A experiência do Senhorio de Jesus traz diversas conseqüências de vida.

— O marido descobre que a esposa, os filhos, a casa e tudo o que nela há, que o carro, sua poupança, seu emprego, sua própria vida, seu passado, presente e futuro, não lhe pertencem. Descobre com o coração que tudo é propriedade do Senhor Jesus. Descobre que tudo aquilo o Senhor colocou em sua vida, confiou a seus cuidados, para que ele — o servo do Senhor — cuide muito bem, trate muito bem, zele com perfeição, porque tudo pertence a seu bom Senhor. Esse marido, com tal graça no coração, com tal nova mentalidade, certamente viverá de forma nova, de modo novo com sua família, bem como em relação a todas as coisas. Tudo fará por querer agradar a seu Senhor.

— Podemos repetir tudo o que dissemos desse marido, em relação à esposa. Ela se sente "*serva do Senhor Jesus*" para cuidar de tudo o que o Senhor confiou a seus cuidados. Cuidará com todo zelo de sua família, pois tudo pertence a seu Senhor Jesus.

— Podemos repetir o mesmo argumento em relação a qualquer pessoa: ao Bispo em relação à diocese e a todas as coisas da diocese. Ao pároco, em relação a sua paróquia e a tudo o que nela há. Ao superior geral ou provincial, em relação a sua congregação ou província e a todas as suas propriedades. Ao religioso diretor de colégio católico e a todas as suas dependências. Não lhes pertencem. Nada lhes pertence. Tudo é do Senhor Jesus. Não podem fazer o que querem. Não podem dispor conforme seus caprichos. Devem dispor de tudo de acordo com os projetos, os desígnios, as ordens do Senhor Jesus.

Você pode perceber facilmente as muitas exigências que decorrem dessa verdade revelada pelo Espírito de que "Jesus é o Senhor". Pode mudar o curso de sua vida. Aliás, essa realidade é muito forte dentro dos quadros da Renovação Carismática. Muito forte. Tem mudado a forma de viver de muitas pessoas.

2.3.5. OUTRAS EXPERIÊNCIAS DE JESUS

Na convivência, no relacionamento com Jesus ressuscitado, seu coração batizado no Espírito Santo, iluminado por Ele, vai descobrindo ainda muitas outras verdades e facetas da personalidade de Jesus vivo. Aos poucos, no relacionamento pessoal com Ele, você vai somando experiências, mais experiências, sempre novas ou renovadas experiências de Jesus vivo. Deste modo vai formando a experiência global, cada vez maior e mais fascinante da pessoa e personalidade de Jesus vivo. Vejamos outras experiências lindas de Jesus que o Espírito leva a fazer.

A bondade de Jesus. Seu coração iluminado pelo Espírito fará, bem depressa, a experiência da bondade de Jesus. Experimentará pessoalmente quanto Jesus vivo é bom. Descobrirá o coração bondoso de Jesus, agindo, manifestando-se com gestos concretos de bondade, tanto em sua própria vida e família como na dos irmãos. Forma-se, assim, sua experiência pessoal de que Jesus é realmente bom.

A misericórdia de Jesus. Esta será outra descoberta fascinante: a misericórdia do coração de Jesus vivo. Saltará a seus olhos a capacidade imensa e ilimitada de Jesus vivo de perdoar, de compreender, de ser paciente, de buscar o pecador, de fazer sempre novas tentativas de conversão dos corações. Você experimenta muito pessoalmente, como também na vida dos irmãos, aquela atitude de Jesus diante da prostituta: "*Eu também não te condeno. Mas vai e não peques mais*" (Jo 8,11). Forma-se a experiência pessoal de que Jesus é realmente misericordioso.

A fidelidade de Jesus. Outra beleza da personalidade de Jesus que, sem dúvida, será experienciada por você é sua fidelidade. Você sempre ouviu dizer que Ele é fiel. Mas é diferente quando você experimenta na própria vida e na vida dos irmãos a fidelidade de Jesus. Ele é rigorosamente fiel. Mesmo quando lhe é infiel, Ele permanece fiel. Fiel a seu amor: decidiu-se amá-lo gratuitamente e nada o faz voltar atrás. Fiel a sua palavra dada. Fiel a suas promessas. Fiel a sua missão de salvação do coração humano. Sua fidelidade descoberta e experimentada fascina. Eis a experiência pessoal da fidelidade de Jesus vivo.

A humildade e a mansidão. Ele disse: "*Aprendei de mim que sou manso e humilde de coração*" (Mt 12,29). O relacionamento com Jesus vivo leva-o a descobrir essas duas virtudes lindas de seu coração. Mesmo sendo Deus, Filho de Deus, Senhor da vida e da história, Jesus tem um coração cheio de humildade e mansidão. O belo é descobrir pessoalmente e experienciar essas virtudes, por meio da convivência com Ele. Nele não há autoritarismos, nem ciúmes de sua grandeza divina, nem orgulho de suas capacidades e poderes: Ele é humilde. Nele não há asperezas, brutalidades, contundências, sinais de querer ferir, humilhar, abater. Nele, tudo é mansidão. Convivendo com Jesus vivo, no caminho da fé, você faz essa experiência fascinante de sua humildade e mansidão.

A paciência. Eis outra descoberta fascinante que você faz em seu relacionamento com Jesus. Sua capacidade de ser paciente é ilimitada. Em relação aos seres humanos definimos "a paciência como a capacidade de agüentar, de suportar, de superar as fraquezas, limitações, erros e infidelidades, sem se enervar, sem se encher de tensões a ponto de explodir". Em Jesus você encontra essa virtude em alto grau. Em relação ao ser humano, Jesus é de uma paciência exemplar e sem limites. No relacionamento com Jesus vivo, por causa de suas possíveis fragilidades constantes, diárias e repetitivas, por causa de suas possíveis e constantes infidelidades, de suas decisões prometidas e não cumpridas, você descobre a incrível paciência do mestre divino. Eis o conhecimento pessoal que Jesus é realmente muito paciente.

2.4. A EXPERIÊNCIA GLOBAL DE JESUS

No relacionamento pessoal com Jesus vivo, no caminho da vida de fé, você descobre ainda muitas outras qualidades maravilhosas na personalidade de Jesus. Tais descobertas levam seu coração iluminado pelo Espírito a encantar-se por Ele e a querer crescer ainda mais, muito mais, no relacionamento de amizade pessoal com o Senhor.

Todas essas descobertas, experienciadas pessoalmente vão formando e fazendo crescer sua experiência global, seu conhecimento total da pessoa de Jesus. Vão formando seu conhecimento de Jesus por experiência, seu conhecimento íntimo e pessoal de Jesus vivo.

O conhecimento pessoal, experiencial de Jesus, repitamos, é o fundamento primeiríssimo e imprescindível de toda vida cristã. Aliás, é por isso que o Espírito realiza pessoal e firmemente essa experiência nos corações que a Ele se abrem e o acolhem.

2.5. A EXPERIÊNCIA DE JESUS NA RENOVAÇÃO

A experiência de Deus é o coração da Renovação Carismática. A Renovação nasce da experiência de Deus pela ação do Espírito Santo, e se alimenta da própria experiência de Deus. Sem experiência de Deus não há Renovação.

Dentro da experiência de Deus, a experiência de Jesus vivo é a que surge, emerge, aparece imediatamente, quando seu coração recebe a efusão do Espírito Santo. O conhecimento pessoal de Jesus é a primeira extraordinária graça que o Espírito concede àqueles que Ele envolve com sua manifestação pentecostal.

O próprio Jesus, falando a seus discípulos, avisou-lhes: *"Quando vier o Espírito Santo* [em Pentecostes] *Ele dará teste-*

munho de mim". (Jo 15,26) *"Ele me glorificará"* (Jo 16,14). *"Ele ensinará toda a verdade "* [que sou Eu mesmo] (Jo 16,13).

É o que faz efetivamente o Espírito Santo imediatamente após sua efusão. Ele revela Jesus ressuscitado, salvador e senhor, de uma forma muito viva, forte e presente. Ele glorifica Jesus no coração, e por meio do coração do batizado, de um modo verdadeiramente perceptível e vigoroso. Ele revela toda a pessoa e grandeza de Jesus vivo, como por uma revelação ou infusão direta ao coração. Ao receber a efusão do Espírito, você tem um encontro profundo e forte com Jesus vivo. É impressionante como essa realidade é constatável e até comum e normal dentro da Renovação Carismática.

A partir de então, o Espírito mesmo realiza a obra da experiência de Jesus em seu coração. Aos poucos, de acordo com a abertura, dedicação pessoal e busca, o Espírito vai revelando Jesus em todas as suas facetas e riquezas. Ele forma a experiência total da pessoa de Jesus, fazendo acontecer progressivamente as experiências particulares do Senhor.

CAPÍTULO TRÊS

CONHECER PESSOALMENTE O PAI CELESTE

Nosso Deus é um Deus vivo e pessoal, comunicante e experimentável. Um Deus vivo que é Trindade. São três pessoas divinas, vivas, comunicantes e experimentáveis. Podemos conhecê-las por experiência própria, a cada uma em particular, pois são pessoas realmente distintas.

Deus Pai, o Pai celeste, pode ser conhecido por experiência pessoal. Você pode descobrir nele: seus atributos, suas qualidades e virtudes, seu modo de ser, de relacionar-se e de agir. A esse conhecimento damos o nome de experiência de Deus Pai, ou experiência de Deus como Pai.

O ponto de partida para o conhecimento por experiência está na revelação que o Espírito Santo faz a seu coração, que Deus é Pai. Ora, para que o Espírito faça essa surpreendente revelação, é preciso que Ele esteja presente, vivo e atuante. Portanto, o conhecimento, o acolhimento e a efusão do Espírito Santo são imprescindíveis para o conhecimento pessoal do Pai celeste. É o Espírito quem clama: Aba! Pai!

Diz Paulo: "*Não recebestes um espírito de escravidão para viverdes ainda no temor, mas recebestes o Espírito de adoção pelo qual clamamos: Aba! Pai!*" (Rm 8,15). Aos Gálatas escreve: "*A prova de que sois filhos é que Deus enviou a vossos corações o Espírito de seu Filho, que clama: Aba! Pai!* "(Gl 4,6).

Reconhecer com o coração a Deus Pai, conhecê-lo pessoalmente por experiência, sentir-se de fato filho do Pai celeste e clamar no fundo do coração: *Pai! meu Pai! Pai nosso!* somente é possível pela ação íntima do Espírito Santo. "*O Espírito dá testemunho a nosso espírito de que somos filhos de Deus*" (Rm 8,16).

Somente quando você é tocado pelo Espírito, convencido pelo Espírito, é que pode clamar de todo coração: Pai! meu Pai! Pai nosso! Desde criança, já na catequese de primeira comunhão você aprendeu que Deus é Pai. Mas o conhecimento ficou na cabeça, em nível de razão. Não caiu no coração; não se tornou uma experiência. Talvez porque a catequista também não tivesse uma experiência da paternidade divina, e por isto não soube conduzir a iniciação da experiência do Pai. Não basta saber que Deus é Pai. É preciso experimentar com o coração essa realidade para que se torne vida, relacionamento, convivência amorosa com o Pai celeste.

Para você compreender a realidade existencial do que seja reconhecer com o coração a Deus Pai, faço uma comparação. Você tem seu pai de sangue. Um pai bom, amoroso, que você conhece profundamente por experiência. Quando diz "papai", ou quando fala de seu pai, ou quando pensa nele, ou quando ora por ele, a palavra "pai" lhe sugere a pessoa querida de seu pai, bem como o amor existente entre ambos. É o coração que funciona, e não apenas a razão. Você não sentiria a mesma coisa se chamasse de pai a um outro homem pouco conhecido, com quem não tivesse laços do coração. Até pode chamá-lo de pai, mas é artificial. É algo frio, sem repercussão em seu íntimo. Trata-se apenas de uma palavra vaga, sem sabor afetivo, sem significado para seu coração. É muito diferente.

Exatamente assim é a reação de seu coração diante de Deus Pai. Se o Pai for para você apenas uma idéia aprendida e decorada, seu coração nada sentirá ao chamá-lo de Pai. Se Deus Pai for apenas uma abstração, sem significado ou importância para o real de sua vida, ele não será importante para você. Se Deus Pai for um ser artificial que lhe disseram que existe, mas que você nunca conheceu pessoalmente, seu coração nada sentirá por Ele, não terá sentido em chamá-lo de Pai. Um Deus Pai abstrato, desconhecido e distante não exercerá qualquer fascinação sobre o seu coração. Mas quando o Espírito lhe revela o Pai e o leva a seu coração, quando seu coração o conhece por experiência, vai vibrar por Ele. Sentirá necessidade de um relacionamento filial com Ele. O segredo do relacionamento vivo, concreto e real com Deus Pai está na experiência pessoal, ou seja, no conhecimento pessoal do Pai celeste.

3.1. DEUS É REALMENTE PAI

Foi Jesus quem teve todo cuidado, todo carinho e amor de anunciar e revelar que Deus é Pai. Jesus, Filho de Deus Pai, bem o conhece pois convive com Ele desde toda a eternidade. Jesus disse: "*Eu e o Pai somos um*" (Jo 10,30. 14,10). Ninguém como o Filho-Jesus para conhecer o seu Pai. "*Como meu Pai me conhece e eu conheço o Pai*" (Jo 10,15). Porque o conhece profundamente por experiência, o Filho-Jesus pode falar do Pai, pode dizer como é, quais seus atributos, qualidades e virtudes.

Já aos doze anos, quando Jesus foi encontrado no templo debatendo com os doutores da lei, diante da queixa materna Jesus revelou: "*Não sabíeis que devo ocupar-me com as coisas de meu Pai?* (Lc 2,49). No período de sua pregação Jesus fala muitas vezes do Pai. Revela-o de uma forma maravilhosa. Basta reler os evangelhos, principalmente o de são João, para perceber toda ligação profunda de Jesus com seu Pai, e todo seu cuidado de fazê-lo conhecido e amado.

Jesus teve todo cuidado e carinho de revelar seu Pai, porque ao mesmo tempo Ele é "*nosso*" Pai. Ao falar do Pai, Jesus sempre o fez com o desejo e a finalidade de tocar nosso coração para conhecermos o Pai, para descobrirmos seu amor, para sentirmo-nos amados, e amando o Pai. O grande anseio de Jesus é criar um relacionamento profundo do Pai com os filhos, e dos filhos com o Pai.

O grande sonho de Jesus é criar um profundo relacionamento de amor entre você e o Pai. Nesse relacionamento, você poder conhecer ao Pai como é, por experiência. Conhecendo-o e convivendo com Ele, descobrir seu coração de Pai, todo seu plano de amor por você, seus maravilhosos atributos, suas qualidades e virtudes, seu modo de ser e agir. Conhecendo-o, você ficará encantado, sentir-se-á muito amado pelo Pai. Sentindo-se muito amado, o amará. Viverá a alegria de poder amá-lo, exatamente por sentir-se amado por primeiro. Nesse amor, você terá o gosto, a alegria de viver como filho seu, de seguir suas orientações, conselhos e mandamentos. Nessa vida de amor acontecerá toda dinâmica de salvação e santificação que, aliás, é o grande sonho do Pai: "*Sede santos, porque eu, o Senhor, vosso Deus, sou santo*" (Lv 19,2).

Para realizar esta obra maravilhosa em seu coração: viver um profundo relacionamento pessoal com Deus Pai, como "seu Pai", como "nosso Pai", entram em ação o Filho-Jesus e o Espírito Santo. Jesus lhe revela o Pai, lho dá a conhecer. Fala-lhe de seus atributos, qualidades, belezas, enfim, da personalidade do Pai. O Espírito Santo, por sua vez, leva ao íntimo de seu coração o Pai revelado por Jesus. É o Espírito quem o torna uma pessoa viva e querida, e o entroniza no santuário de seu coração, para que você possa sentir-se amado por Ele, e amando-o.

Com a ação decisiva de Jesus e do Espírito, o Pai torna-se uma pessoa viva para você. Você cria e desenvolve um verdadeiro relacionamento com Ele. Relacionamento de filho com o Pai. Nesse relacionamento, ajudado pelas revelações de Jesus e pela ação do Espírito Santo, você passa a experienciar pessoalmente o Pai como é, a conhecê-lo como é. Dentro, é claro, de seus limites humanos.

3.2. A EXPERIÊNCIA DA PATERNIDADE AMOROSA

O Espírito clama no coração batizado: Aba! Pai! Dá testemunho ao coração, convence o coração que é filho do Pai celeste, e por isto, com alegria, esse coração clama: Pai! meu Pai! Pai nosso! O coração fica convencido dessa realidade.

Convencido de que Deus é Aba, Pai, cria-se um relacionamento de amor. Relacionamento filho-Pai. Seu coração de filho sente-se "filho do Pai celeste". Na convivência, no relacionamento filho-Pai, seu coração descobre com profunda alegria e gratidão que:

— O Pai pensou em você antes da criação do mundo (Ef 1,3-4). Ele preparou seu nascimento por gerações, e cuidou carinhosamente para que viesse a existir. O Pai tem um plano de amor muito pessoal e singular a seu respeito (Ef 1,3-14). Ele formou você desde o seio materno e preparou todas as suas qualidades: espirituais, psíquicas, emocionais e físicas (Is 46,3-5). Você descobre que tudo foi cuidadosamente providenciado pelo Pai. Essa descoberta enche seu coração de alegria de viver, de louvor e ação de graças, e de correspondência a seu amor.

— Você descobre que o Pai tem um grande amor pessoal por você, como se fosse filho único. Seu coração fica tocado diante de tantas declarações de amor do Pai. *"Eis o que diz o Senhor, aquele que te criou, aquele que te formou: nada temas, pois eu te resgato, eu te chamo pelo nome, és meu"* (Is 43,1). Sentir-se chamado pelo nome, ouvir o Pai falar: és meu!, que maravilha para o coração! O Pai fala em "*resgate*", como para dizer: *"Meu filho, se te seqüestrarem de mim, farei o impossível para ter-te de volta para mim. Porque és precioso para mim, porque eu te amo e te aprecio, não pago apenas dólares ou reais. Serei capaz de dar países inteiros em troca de ti. Por isto, estejas tranqüilo, pois eu, teu Pai, estou contigo"* (cf Is 43,1-7).

Tocam fundo no coração outras palavras do Pai que, para impressionar, usa a comparação da mãe e do filho. Pergunta o Pai: "Pode a mãe esquecer-se do filho que ainda amamenta? Pode a mãe não ter ternura pelo fruto de suas entranhas? Pode? Pois, mesmo que tua mãe te esquecesse, eu jamais te esqueceria. Fiz uma tatuagem e escrevi teu nome na palma de minha mão, para não poder esquecer-me de ti" (cf. Is 49,14-16). O Espírito Santo ilumina muitos outros textos bíblicos que caem quentes e carinhosos no coração.

A experiência de sentir-se amado e amando o Pai enche o coração de alegria e gera um renovado sentido de vida e de convivência.

3.3. A EXPERIÊNCIA DO PAI CRIADOR

Ao tornar o Pai muito vivo, amante e amável, presente e amoroso em seu coração batizado, o Espírito o leva à experiência do Pai criador, que a tudo criou por puro e gratuito amor.

A verdade aprendida na catequese de primeira Eucaristia, que o Pai é o criador de tudo, torna-se agora uma experiência pessoal, profunda. O coração do filho, batizado no Espírito, reconhece com profunda admiração toda a obra de seu Pai celeste. A verdade cai da cabeça ao coração. Penetra no íntimo, torna-se iluminativa e fonte de adoração, louvor, contemplação, admiração.

Seu coração, tocado por essa verdade, cresce em sua admiração e amor por seu Pai. Nessa admiração amorosa, é levado para a glorificação e o louvor constantes diante da criação vista, contemplada e usufruída a cada momento. A oração de louvor torna-se uma necessidade do coração que deseja ansiosamente exaltá-lo, glorificá-lo e bendizê-lo por toda sua extraordinária criação.

É admirável constatar como essa experiência é freqüentíssima e, ao mesmo tempo, transformadora, no coração dos participantes da Renovação. Obra linda do Espírito, liberado no coração, pela efusão.

3.4. A EXPERIÊNCIA DA SANTIDADE DO PAI

Ao revelar o Pai amoroso e criador, o Espírito induz seu coração a descobrir, admirar, proclamar e curvar-se diante da santidade do Pai. No relacionamento com o Pai, seu coração descobre que Ele é verdadeiramente Santo, Santo, Santo. Isto é, santíssimo; o mais alto no grau de santidade possível. O coração descobre que o Pai, em sua santidade, só vive e transborda, só quer e admite a verdade e o bem. Descobre que no coração de seu Pai não há, e nem pode existir sombra de erro, de fraqueza, de infidelidade, de injustiça, de inverdade, de mal ou de pecado. Descobre no Pai a perfeição máxima, a santidade perfeita.

Essa realidade, não mais racional, mas experimentada no coração, enche o filho de admiração, de louvor, de santo temor. Ao mesmo tempo, espelhando-se no Pai, seu coração percebe sua fragilidade, sua pequenez, sua imperfeição, sua miséria, e até seu pecado. Esse confrontamento produz a humildade no coração do filho. Humildade que consiste em reconhecer de todo coração, com profunda admiração, a grandeza e santidade do Pai e, ao mesmo tempo, em reconhecer a própria fraqueza e pequenez. É dessa experiência de humildade que nasce a entrega confiante nas mãos poderosas e amorosas do Pai santo. Essa humildade, aliás, é o terreno mais fértil para a santidade: tornar-se um pouco parecido com o Pai, em santidade. "*Sede santos, porque eu, vosso Deus, sou santo*" (Lv 11,44; 19,2; 20,7).

Outro fruto importante da experiência da santidade do Pai e da pequenez pessoal é a necessidade de conversão. Necessidade de voltar-se para o Pai de todo coração, com todas as forças, em todas as áreas internas, em todos os relacionamentos. E no coração do Pai encontrar o rosto dos irmãos, amando-os por serem seus filhos muito amados.

3.5. A EXPERIÊNCIA DA MISERICÓRDIA DO PAI

Diante da experiência da santidade do Pai e da fragilidade e pequenez pessoal, o Espírito conduz o coração à magnífica experiência da misericórdia do Pai celeste.

O que é misericórdia? Trata-se de uma realidade tão rica, tão profunda e tão abrangente que não se torna fácil defini-la. O dicionário italiano de teologia bíblica gasta sete páginas para explicitá-la.

A palavra é formada por dois termos latinos: *cor* = coração, e *Míser* = pobre, necessitado, mísero. Portanto: coração e miséria. O dicionário português a define como: "compaixão do coração despertada pela miséria alheia".

Levando a palavra ao campo religioso, aplicando-a ao Pai, podemos tentar defini-la como: "uma profunda compaixão presente no coração de Deus Pai, diante da fraqueza, da infidelidade e do pecado do ser humano". Misericórdia é a compaixão do coração de Deus Pai que emerge como piedade, bondade, perdão, comoção, condescendência, ternura, simpatia, decisão de poupar, de não castigar, de salvar, de converter e resgatar.

— Os muitíssimos textos que falam e proclamam a misericórdia divina poderiam ser, de alguma forma, sintetizados na exclamação de Ezequiel: "O Senhor, ó Senhor, Deus de piedade e misericórdia, lento na ira e rico de graça e verdade, que conservas a graça por mil gerações" (Ez 34,6-7).

— A experiência pessoal de que o Pai é misericordioso nasce da consciência de sentir-se pecador, de perceber a própria fragilidade e da dificuldade de conversão, apesar da boa vontade. O coração, iluminado pelo Espírito Santo, percebe claramente sua realidade pecadora, embora possa ter horror ao pecado. Percebe a presença das raízes e tendências de orgulho, egoísmo, inveja, vaidade, preguiça, sensualidade, materialismo, impiedade, mentira, competição, divisão, discórdia, infidelidades de diversos tipos. Na luta pela erradicação desses males, o coração percebe a dificuldade, bem como a presença de quedas, de imperfeições, e até mesmo de pecados. Pede perdão ao Pai, a Jesus e ao Espírito, promete mudar e converter-se. Mas sempre de novo constata a presença da fraqueza e do pecado. Nessa luta, o coração descobre e experimenta a misericórdia do Pai celeste. Experimenta pessoalmente o amor do Pai perdoando-o, acolhendo-o, animando-o, favorecendo-o sempre de novo, dez, vinte, cinqüenta, mil vezes. O coração percebe que o Pai não se cansa, não se enfastia, não se enerva, não se aborrece, não diz "basta". Ao contrário, experimenta que, onde o pecado é abundante, muito mais abundante é a misericórdia do Pai, sempre pronto e desejoso de perdoar.

É uma experiência que gera muita admiração pelo Pai; que anima na difícil caminhada da conversão. É uma experiência muito comum e presente nos que vivem uma vida carismática, pois é obra do Espírito no coração humano.

3.6. A EXPERIÊNCIA DA BONDADE DO PAI

No relacionamento com o Pai, iluminado pelo Espírito, seu coração vai descobrindo pessoalmente como é grande a bondade do Pai. Descobre e experimenta que a bondade é o modo mais normal de ser do Pai celeste. Ele é essencialmente bom. Sua bondade manifesta-se todos os dias, de muitos modos. Você experimenta quão grande é a bondade do Pai por ter enviado seu filho Jesus como salvador pessoal. Por ter dado o Espírito Santo para habitar e santificar seu coração. Por ter criado Maria santíssima como obra-prima. Por ter-lhe dado o dom da vida. Por tê-lo presenteado com tantos dons naturais: espirituais, psicológicos, emocionais e físicos. Por ter-lhe dado os pais, o marido ou a esposa, os filhos e familiares. Por ter criado todas as coisas e tê-las colocado ao seu dispor gratuitamente.

No viver de cada dia o seu coração percebe quão grande é a bondade do Pai celeste. Ao percebê-la, maravilha-se e louva, glorifica, engrandece e salmodia. A oração de louvor torna-se o instrumento do coração para proclamar publicamente a bondade do Pai.

3.7. MUITAS OUTRAS EXPERIÊNCIAS

Na convivência e relacionamento com o Pai celeste, sempre conduzido pelo Espírito, seu coração batizado no Espírito vai descobrindo pessoalmente, e vai fazendo sempre novas experiências dos atributos, qualidades e modos de ser e agir do Pai celeste.

O Espírito Santo o leva a experienciar a *"divindade"* do Pai. Que realmente Ele é Deus. Que só um Deus seria capaz de ser tão perfeito, santo, bom, amoroso, maravilhoso, poderoso, misericordioso, fiel, como o é o Pai celeste.

Você conhecerá por experiência o *"poder"* do Pai. Que o Pai é realmente todo-poderoso. Para realizar obras como Ele realizou na criação, para dar ao ser humano capacidades como deu, para realizar maravilhas como realiza por meio de Jesus e do Espírito, só mesmo sendo um Deus todo-poderoso.

Você experimentará por experiência a *"fidelidade"* do Pai celeste. Quanto Ele é fiel à decisão de salvar a humanidade, apesar da incorrespondência e oposição humana. Como Ele é fiel a sua palavra, as suas promessas, a seus planos divinos para o bem do ser humano. Como é fiel a seu plano de amor pessoal.

Outras tantas experiências serão feitas por você, pois o Espírito Santo, que conhece totalmente o Pai, quer revelá-lo sempre mais, e sempre mais profundamente. Você poderá fazer a experiência da onipresença, da grandeza, da nobreza, da onisciência, da sabedoria do Pai celeste, e muitas outras.

3.8. A EXPERIÊNCIA DO PAI NA RENOVAÇÃO

A Renovação Carismática tem como missão renovar em profundidade a vida cristã, a partir da graça inestimável da efusão do Espírito Santo. Ora, a verdadeira vida cristã tem como fundamento e fonte a experiência de Deus. Sem experiência de Deus não há verdadeira vida cristã. Portanto, a Renovação deve ter como prioridade absoluta em sua missão concreta, em seu modo de ação, em sua práxis, *"fazer a experiência de Deus acontecer em todos os que dela participam"*. A Experiência do Pai, de Jesus vivo e do Espírito Santo.

Os pregadores da Renovação: bispos, sacerdotes, religiosos e leigos, devem anunciar com todo cuidado, carinho e unção a experiência do Pai. Devem conduzir ao conhecimento pessoal de Deus como Pai. Devem pregar explicitamente sobre Ele. Devem conduzir, orientar, favorecer, pastorear os corações, de modo a auxiliá-los na entrada, no crescimento e na vivência profunda da experiência do Pai. Devem ser mestres na formação dos corações para a experiência de Deus, como Pai.

Esse serviço deve ser prestado consciente, planejada e criativamente. É fundamental para a vida carismática. Sem esse fundamento: a experiência de Deus como Pai, junto com a experiência de Jesus vivo, e com a experiência do Espírito Santo, toda pregação de outras verdades é como construir paredes sobre areia. Não subsistem. Desmoronam. Desmoronam porque o conhecimento pessoal de Deus, ou seja, a experiência de

Deus, é o fundamento necessário para todo o edifício espiritual da vida cristã (cf 1Cor 3,9-13). Sem a experiência profunda de Deus, provavelmente tudo o mais que se prega na Renovação vira uma "caiação". Fica bem, parece bonito, mas por pouco tempo. Ao surgimento dos primeiros problemas ou dificuldades, as pessoas abandonam esse caminho, pois não estavam alicerçadas, não tinham fundamento sólido.

A espiritualidade da Renovação, o modo de ser dos grupos da Renovação, as formas de celebração, de oração, canto e intercessão devem favorecer a experiência de Deus como Pai.

Seria uma ilusão, no entanto, pensar que todos os que participam de grupos de oração tenham, vivam e cultivem a experiência de Deus como Pai. Aliás, também o seria imaginar que todos vivam a experiência de Jesus vivo e do Espírito Santo. É uma pena. Essa ilusão é causada, entre nós, no Brasil, pela falta de uma séria, bem cuidada e bem realizada iniciação dos participantes na espiritualidade da Renovação. Em muitíssimos grupos de oração, as lideranças não cumprem com esta missão inicial e essencial: preparar profunda e cuidadosamente os que querem participar da Renovação. Querem ter grupos grandes, muita gente. As pessoas entram e saem do grupo, voltam e saem novamente, quando querem. E não há um trabalho, um serviço cuidadoso, uma preocupação de ajudar tais pessoas a ter um encontro forte de evangelização querigmática. Não há um cuidado de torná-las discípulos de Jesus, por meio dessa iniciação muito bem realizada. O que irá acontecer para o futuro? Que numa cidade ou paróquia haja cinco, vinte, trinta, cinqüenta mil pessoas que já "passaram" pelos grupos, mas não se renovaram. Neles não aconteceu a graça que fatalmente deveria ter acontecido. A Renovação não atingiu nelas seu objetivo, por descuido ou culpa dos dirigentes. São pessoas que não chegam a fazer a experiência de Jesus vivo, da ação do Espírito Santo, e do amor misericordioso do Pai celeste.

Sem a experiência de Deus: do amor do Pai, da salvação de Jesus vivo e da ação santificadora do Espírito Santo, não há vida carismática, não há vida em renovação. E nem verdadeira vida cristã.

CAPÍTULO QUATRO

A EXPERIÊNCIA DO ESPÍRITO SANTO

Nosso Deus é um Deus vivo e comunicante. É um Deus pessoal. É um Deus experimentável. Podemos conhecê-lo por experiência pessoal. Podemos perceber claramente suas manifestações. Podemos conhecê-lo como Ele é, evidentemente dentro de nossas limitações humanas. Nosso Deus vivo, comunicante e experimentável é Trindade. Um Deus em três pessoas: Pai, Filho-Jesus e Espírito Santo. Cada pessoa divina é viva, comunicante e experimentável.

O Espírito Santo, que procede do Pai e do Filho, é realmente uma pessoa. Pessoa divina. Uma das três pessoas divinas. Como pessoa, podemos conhecê-lo por experiência pessoal. Podemos experienciá-lo pessoalmente. Podemos conhecê-lo intimamente. Podemos, portanto, fazer e viver a experiência do Espírito Santo, como podemos ter e viver a experiência pessoal de Jesus e do Pai celeste.

4.1. QUE É EXPERIÊNCIA DO ESPÍRITO?

Experiência do Espírito Santo é o conhecimento pessoal, íntimo e concreto de sua pessoa. É o conhecimento experiencial de sua presença, de suas manifestações concretas, em forma de inspirações, moções, dons, frutos e carismas. Pelo fato de podermos experimentar pessoalmente sua presença atuante, passamos a conhecê-lo intimamente como Ele é. Conhecemos seus atributos, suas qualidades e virtudes, seu modo de ser e agir. Experiência do Espírito é o conhecimento pessoal e íntimo de sua pessoa, de seu modo de ser e de agir.

Exemplifico. Você sempre ouviu que o Espírito Santo é luz iluminadora. Pois bem. Em alguma ocasião, você sente necessidade de iluminação, de luzes interiores, de auxílio superior para compreender melhor uma verdade a ser conhecida e assumida. Ou precisa de luzes interiores para iluminar uma realidade de sua vida, a qual você precisa entender melhor, para poder agir corretamente. Ou precisa de luzes sobre alguma decisão a tomar. Ou necessita de auxílio em situações duvidosas para tomar decisões acertadas. Em tais necessidades você recorre ao Espírito, invoca-o para que venha ser seu conselheiro, para que lhe conceda o auxílio desejado. Em dado momento o Espírito se manifesta. Você percebe sua atuação, concedendo-lhe todas as iluminações de que necessita. Você percebe claramente que essas luzes não procedem de sua mente. Percebe que houve alguém superior iluminando e concedendo-lhe muita certeza e segurança. Você experimentou, portanto, que o Espírito é realmente luz iluminadora. Você, pessoalmente, experimentou e constatou sua presença e atuação, iluminado-o, esclarecendo-o. Foi uma experiência do Espírito. Você o experienciou pessoalmente.

Você sempre ouviu dizer que o Espírito Santo é força. Em dado momento de sua vida, em algum momento de fraqueza, de sofrimento, de indecisão, ou quando precisava enfrentar circunstâncias difíceis, você invocou o Espírito Santo para que lhe concedesse a fortaleza necessária para aquela situação. Em dado momento você percebe o Espírito presente e agindo, concedendo-lhe uma força especial, uma coragem que não era sua, uma valentia que você mesmo admira, um poder interior admirável, um vigor não habitual, uma coragem para agir. Você percebeu que aquelas reações não eram suas, não eram naturais em você. Você experimentou, portanto, o Espírito Santo como força; fez uma experiência de que o Espírito é verdadeiramente força do alto. E sabe, agora, que o Espírito é força, porque o experimentou em sua própria vida.

Dizem que o Espírito é mestre de oração. Desejoso de aprender a relacionar-se com Deus pela oração, você pede insistente e repetidamente ao Espírito para que o ensine a orar. Em dado momento, você percebe que nos momentos de sua oração há um jorro de tal ordem, com tanta profundidade e fruto, que conclui ser ação do Espírito. Passa a sentir maior desejo de orar, maior profundidade, muito mais frutos de conversão e santidade, mais criatividade e profundidade na oração. Você fez uma experiência pessoal do Espírito Santo. Experimentou pessoalmente que o Espírito é realmente mestre de oração.

Você aprendeu que o Espírito concede o dom de louvar e de proclamar as maravilhas dos atributos de Deus e de suas obras. Você participa de um retiro onde se ensina sobre o louvor e se pede o dom de louvar. Após a oração para pedir esse dom, você sente impulso, moção, motivação, criatividade para louvar, como nunca antes. Muitas vezes por dia e, principalmente em sua oração pessoal, você sente impulso para louvar. Abre a boca e louva de forma inspirada e gratificante. Percebe que recebeu o dom de louvar. Você, portanto, acaba de experimentar pessoalmente a presença e a ação do Espírito. Fez uma experiência pessoal: o Espírito de fato dá o dom de louvar, pois você o recebeu.

Da mesma forma você pode fazer muitas outras experiências do Espírito Santo por meio de suas manifestações pelos carismas. Pode passar pela experiência do carisma de ciência, pelo qual o Espírito lhe revela ao coração verdades que você no momento não conhece, ou realidades ocultas no coração de outras pessoas. Pode experimentar o carisma de profecia, pelo qual você recebe no coração uma mensagem divina a ser dirigida a outras pessoas. Pode ter experiências freqüentes de um carisma eucarístico, pelo qual o Espírito incrementa sua fé, afervora seu amor por Jesus eucarístico, para o exercício de sua vida e ministério eucarístico. E da mesma forma, pode fazer muitas outras experiências dos carismas manifestos pelo Santo Espírito.

Você pode passar pela experiência de sentir-se pecador e ter horror ao pecado, pela qual o Espírito lhe dá uma consciência clara de suas próprias fraquezas, limitações, raízes de pecados, vícios e misérias humanas. Ao mesmo tempo, o Espírito lhe dá um horror a cair no pecado, pois ofende a seu Deus tão bom e tão santo. É uma experiência forte do Espírito, que vai muito além da consciência normal cristã. Concede-lhe, também, uma grande confiança na misericórdia de Deus.

Você pode fazer a experiência do fruto da alegria. Por renovar-se em sua vivência cristã, por meio da renovação de sua vida sacramental, de sua vida de oração, de sua vivência de caridade, o Espírito comunica-lhe uma profunda e permanente alegria interior, que subsiste mesmo em meio a problemas, doenças ou situações de sofrimento. Trata-se de uma alegria interior, profunda. Alegria de estar bem com Deus, de estar vivendo bem sua vida pessoal, de poder amar e deixar-se amar. Você faz, dessa forma, uma experiência pessoal em que o Espírito produz alegria.

Há uma infinidade de outras possíveis experiências do Espírito Santo. Vivendo-as, você faz, cresce e amadurece a experiência pessoal da pessoa do Espírito Santo; passa a conhecê-lo por experiência. Pessoalmente, você sabe como Ele é, como age, como se manifesta.

4.2. A PESSOA DO ESPÍRITO SANTO

O ponto de partida para fazer e viver a experiência do Espírito Santo está em compreender com o coração que o Espírito Santo é realmente uma pessoa viva, com quem você pode comunicar-se; com quem pode manter um relacionamento pessoal; a quem pode recorrer em suas necessidades; que tem uma obra maravilhosa a realizar em sua própria vida. É preciso compreender que o Espírito é uma pessoa divina. Uma das três pessoas da Santíssima Trindade.

Se para você o Espírito for apenas uma "idéia abstrata", um ser existente, mas distante, inatingível e incomunicável, não será possível conhecê-lo pessoalmente, não será viável conhecê-lo por experiência. Aliás, a falta de evangelização e catequese, de celebração e devoção ao Espírito Santo dentro da Igreja católica, não favorece ao católico conhecê-lo, manter um relacionamento com ele, e tampouco viver uma experiência de sua pessoa.

O Espírito Santo é realmente uma pessoa. Uma pessoa divina, como o Pai e o Filho. Como pessoa o Espírito Santo tem um nome, tem uma personalidade própria. Ele fala e você pode ouvi-lo. Você lhe fala e ele ouve. Ele ama, compreende, perdoa, inspira, move, e manifesta-se de muitas formas. Ele tem um lugar para morar, onde você pode encontrá-lo, sempre que quiser. Ele é realmente uma pessoa com quem você pode manter um relacionamento muito pessoal e íntimo. Nesse relacionamento, você poderá conhecê-lo cada vez mais e melhor.

Onde mora o Espírito? Onde encontrá-lo? Como Deus, como pessoa da Trindade ele é onipresente: está presente em todos os lugares. Mas no planeta Terra ele quis um lugar especial para morar. Toda vez que você quiser encontrá-lo, basta entrar nesse lugar. A morada do Espírito é "seu coração espiritual", a interioridade de sua pessoa. Você é templo, é sacrário, é igreja, é catedral, é tenda, é apartamento, é moradia do Espírito Santo. Ouça o que ele inspirou Paulo a escrever: *"Não sabeis que sois templos de Deus, e que o Espírito de Deus habita em vós?"* (1Cor 3,16). O Espírito Santo habita em você e faz presentes o Pai e o Filho.

Em seu coração você o encontra sempre disponível. Pode entreter-se com Ele e manter um relacionamento diário. É aí que Ele quer agir, para realizar sua obra maravilhosa, obra que Ele precisa realizar, pois foi para isso que veio morar em seu coração. Quando a realiza, você percebe. Percebendo, faz sua experiência pessoal do Espírito Santo.

Qual é a obra que o Espírito quer realizar em você?

1. *Fazer de você um filho muito amado de Deus Pai.* Ele quer formar em seu coração sua experiência de Deus como

Pai. Quer convencer seu coração de que você não é órfão, não está no mundo por acaso, mas foi chamado à vida por um plano do amor do Pai. Ele quer clamar sempre em seu coração: Aba! Pai! Toda aquela experiência do Pai da qual lhe falei no capítulo anterior é obra do Espírito Santo em você. Peça-lhe que gere em seu coração um grande amor para com o Pai.

2. *Ressuscitar Jesus salvador e senhor em sua vida.* O Espírito quer tornar Jesus vivo, muito vivo, em sua vida, pois você precisa de um salvador pessoal e de um senhor poderoso e maravilhoso. Toda a experiência de Jesus vivo, da qual lhe falei no capítulo segundo, é obra do Espírito. Ele quer realizá-la. Peça-lhe que crie um profundo relacionamento entre você e Jesus vivo.

3. *O Espírito mesmo quer revelar-se e manifestar-se em você.* Se você abrir sua vida a ele, procurar conhecê-lo, mantiver um relacionamento com ele, o Espírito irá revelar-se sempre mais. Você o conhecerá sempre mais, principalmente por suas múltiplas manifestações. Tudo quanto estou lhe apresentando neste capítulo é obra que ele quer realizar em você. Peça-lhe que o ajude em seu intento de ter um relacionamento profundo com ele.

4. *O Espírito quer que você conheça e ame sua mãe, Maria santíssima.* O Espírito ama muito sua esposa mística, Maria. Porque a ama, gosta de fazê-la conhecida e amada. Quer que seja conhecida e amada para que, como mãe, ela possa cuidar de seus filhos. O Espírito sabe que Jesus entregou você a Maria, como filho, e a encarregou de cuidar de você, como mãe. Por isso, ele quer gerar laços profundos de amor entre você e ela. Peça ao Espírito um grande amor filial para com Maria.

5. *O Espírito lhe diz que você tem muitos irmãos.* Ao mesmo tempo em que o Espírito clama em seu coração, Aba! Pai!, ele lhe diz que esse Pai tem muitos filhos. E, se são filhos de seu Pai, são seus irmãos. Essa experiência de fraternidade é obra do Espírito Santo em você. Só Ele é capaz de gerar essa experiência em você. Na força da experiência de fraternidade é que nasce todo desejo e decisão de comprometer-se com os irmãos e de servi-los com amor fraterno. Peça ao Espírito que lhe dê essa experiência.

6. *O Espírito quer renovar os sacramentos em sua vida.* O Espírito Santo sabe que os sacramentos são os sete grandes meios de comunicação entre você e Jesus vivo, e, também, sete grandes fontes de bênçãos divinas. Por isso quer revelar a seu coração que os sacramentos não são "coisas", não são apenas ritos mágicos, celebrações tradicionais. Quer que você descubra que cada sacramento é uma *"celebração de Jesus ressuscitado, o qual faz acontecer todas as graças daquele sacramento celebrado, pelo poder do próprio Espírito Santo".* O Espírito quer renovar sua vivência dos sacramentos para que você realize, por eles, grandes encontros salvíficos com Jesus ressuscitado. Peça ao Espírito que lhe revele toda grandeza dos sacramentos.

7. *O Espírito quer revelar-lhe a Bíblia.* Outra obra linda do Espírito: conceder-lhe o dom do entendimento para compreender em profundidade a Palavra de Deus, e o dom da sabedoria para você ter gosto pela Palavra, para que ela penetre em sua vida, se encarne e seja vida, fonte de salvação e santidade para você. Peça ao Espírito Santo esses dons.

8. *Consciência de sentir-se pecador.* O Espírito é luz poderosa que ilumina os corações. Como luz, ele irá iluminando sua consciência e mostrando seus "lixos": orgulho, ciúme, inveja, sensualidade, preguiça espiritual, maledicência, materialismo, medos, traumas, feridas emocionais... Faz com que você perceba sua realidade de pecador. Faz com que você se sinta pecador mas tenha horror ao pecado, porque ofende a seu Deus amado. É uma obra linda e importante. Mais adiante você terá um capítulo que tratará dessa obra do Espírito.

9. *Desenvolvimento dos sete dons infusos.* Ao ser batizado, o Espírito plantou em seu coração sete grandes sementes de sete árvores de vida. As sementes precisam ser regadas, adubadas, cultivadas, para desabrochar, para se tornarem arbustos e árvores adultas, a fim de produzir frutos. São os sete dons infusos: sabedoria, entendimento, ciência, conselho, fortaleza, piedade e santo temor de Deus. É o Espírito quem as cultiva e as faz produzir frutos de vida cristã e santidade. Seria longo descrever esses dons, um por um, existem livros bons sobre o assunto. Peça ao Espírito que desenvolva esses dons em sua vida.

10. *O Espírito produz frutos.* São Paulo, em Gálatas 5,22, fala de "frutos do Espírito Santo". O Espírito que mora em seu coração comunica-lhe parte de sua santidade. Transborda para dentro de você um pouco daquilo que ele é: caridade, alegria, paz, paciência, afabilidade, bondade, fidelidade, mansidão e autodomínio. À medida que seu relacionamento com o Espírito Santo cresce, ele vai lhe comunicando esses frutos. Você os irá experimentando em sua vida. O tema é maravilhoso. Peça ao Espírito que produza esses frutos em sua vida.

11. *O Espírito concede carismas.* Os carismas são instrumentos de trabalho apostólico. São capacitações, instrumentalizações, poderes divinos para que você possa realizar seu apostolado, seja qual for, não mais na fraqueza humana, mas na força do Espírito. Há uma multiplicidade de carismas que o Espírito pode dar, quer dar, precisa dar, para uma maior eficiência de todos os agentes de pastoral.

A obra do Espírito não se resume a esses onze pontos citados. Apontei-os como sendo os imprescindíveis, importantes e maravilhosos para sua vida cristã.

4.3. A EXPERIÊNCIA DO ESPÍRITO É POSSÍVEL

O catolicismo ocidental racionalizou-se excessivamente; supervalorizou a razão em detrimento de todas as outras faculdades humanas na vida cristã. Ao mesmo tempo abandonando o caminho normal da vida mística. Relegou a um plano muito secundário a realidade do "coração espiritual e do coração emocional". Por isso parece estranho, muito estranho ao católico de hoje, ouvir falar em experiência de Deus e, mais ainda, em experimentar pessoalmente a presença e as manifestações do Espírito Santo. Essas realidades parecem estar fora da normalidade da vida cristã. Parece ser algo próprio de "Santos estranhos", inimitáveis, que, por isso, não deveriam ser canonizados.

Tal racionalização da vida católica significa uma perda quase irreparável da experiência de Deus. A perda da experiência de Deus significa tirar os fundamentos da vida cristã e tentar construí-la sobre areia. É por isso que não subsiste, e desmorona com tanta facilidade. Eis aí 90% de batizados na Igreja católica que vivem como pagãos. Exatamente como pagãos.

Eis o que afirmou o grande teólogo Karl Rahner: *"A pessoa piedosa do amanhã, ou será um místico, isto é, 'alguém que experimentou alguma coisa', ou deixará de ser piedosa"* (cf. *Novo Dic. Esp.* p. 1.528). Em outras palavras: ou o católico é introduzido a viver a experiência de Deus, inclusive a do Espírito, ou deixará de ser católico e passará a ser um ateu.

A experiência do Espírito Santo não só é possível, como é necessária e imprescindível para uma verdadeira vida cristã em plenitude. Ele é a alma da Igreja; é a "ânima", aquele que anima, que gera, produz, conduz, alimenta e amadurece a vida cristã.

Se você olhar para o passado perceberá, nos dois mil anos de Igreja, a existência permanente da experiência do Espírito na vida dos Santos e dos personagens ilustres de nossa fé. Vejamos alguns exemplos.

4.3.1. MARIA DE NAZARÉ

Maria, mãe de Jesus, teve uma experiência incrível do Espírito Santo. Ao anunciar-lhe a vinda do Salvador, o anjo Gabriel lhe disse: "*Eis que conceberás e darás à luz um filho... "O Espírito Santo descerá sobre ti e a força do altíssimo te cobrirá com sua sombra*" (Lc 1,30-35). Dois meses depois, Maria já experimentava em seu seio a presença do menino, concebido por milagre do Espírito. Maria teve uma experiência até física: ficou grávida por obra do Espírito Santo.

A partir da experiência de engravidar pela ação do Espírito, Maria viveu toda sua vida, iluminada, dirigida e movida pelo Espírito, para que pudesse compreender, acolher e colaborar com a obra de seu filho Jesus. Seria longo descrever, passo a passo, toda presença e atuação do Espírito na vida de Maria de Nazaré.

4.3.2. ISABEL, ZACARIAS E JOÃO BATISTA

Esta família experimentou de forma extraordinária a ação do Espírito. Escreveu Lucas: *"Apenas Isabel ouviu a saudação de*

Maria, a criança estremeceu em seu seio, e Isabel ficou cheia do espírito Santo" (Lc 1,41). Foi o pentecostes de Isabel e a santificação de João Batista. Não pela presença de Maria, mas pela presença de Jesus, levado por Maria, e graças à ação do Espírito.

Isabel, cheia do Espírito, começou a profetizar: *"Bendita és tu entre as mulheres... Bendito é o fruto do teu ventre... Donde me vem a honra de ser visitada pela mãe do meu Senhor? Bem-aventurada és tu que creste..."* (Lc 1,42-45). Perguntemo-nos de imediato: como Isabel sabia dessas maravilhas todas: que Maria estava grávida, grávida do Messias-Senhor, que era bem-aventurada porque acreditou? Como Isabel sabia de tudo, se Maria nada havia revelado, nem sequer a José, seu noivo? Foi porque o Espírito lhe fez essas revelações ao coração. Isabel, cheia do Espírito, fez uma experiência incrível: recebeu a revelação de todas as maravilhas divinas e milagrosas que estavam acontecendo com Maria.

Zacarias, mudo por castigo, por não ter acreditado na possibilidade milagrosa da gravidez de sua esposa, estéril e de idade avançada, ao ver seu filho nascido, e ao escrever seu nome numa tabuinha, *"ficou cheio do Espírito Santo"* e experimentou a mesma manifestação profética de sua esposa. Zacarias proclamou: *"Bendito seja o Senhor Deus de Israel, que a seu povo visitou, e fez surgir um poderoso salvador na cada de Davi"* (Lc 1,67ss.). Como Zacarias o soube? Pela ação do Espírito. Fez uma experiência maravilhosa do Espírito Santo. O versículo 67 do capítulo primeiro de Lucas diz claramente que *"Zacarias ficou cheio do Espírito Santo"* (Lc 1,67).

João Batista, ainda no ventre materno, experimentou a ação do Espírito Santo. Saltou de alegria no seio materno ao encontrar-se com Jesus, que também ainda estava no ventre de Maria. Ao ouvir a saudação de Maria, grávida de Jesus, Isabel percebeu que seu filho pulou de alegria em seu ventre. Pulou de alegria porque, pela ação do Espírito, percebeu a presença de seu salvador, e por isso foi santificado no seio materno (cf Lc 1,39ss.).

4.3.3. OS APÓSTOLOS E DISCÍPULOS

No dia de Pentecostes, os Apóstolos e discípulos *"ficaram todos cheios do Espírito Santo"* (At 2,4). De imediato passaram a viver intensamente a experiência do Espírito. Constataram de imediato toda a violenta transformação que o Espírito havia operado neles. Com certeza, foi uma experiência desconcertante e fascinante. A partir de então, passaram a viver a experiência do Espírito a cada momento, e das formas mais diversas.

Experimentaram o "*fogo do Espírito*" "*queimando*" seu medo, sua covardia diante da ameaça dos judeus. Queimando sua ignorância diante do sentido do reino de Deus, da morte e ressurreição, da pregação e dos milagres de Jesus.

Experimentaram o "*fogo do Espírito*" "*iluminando*" totalmente seus corações a respeito da missão de Jesus, do reino de Deus, da morte e ressurreição, das palavras, parábolas e milagres do Senhor. Tudo lhes ficou imediatamente esclarecido e gravado profundamente em seus corações.

Experimentaram o "*fogo do espírito*" "*aquecendo-os*" de vibração e entusiasmo pela causa do mestre morto e ressuscitado. Ninguém mais segurou esses homens. Desafiavam todo perigo, e enfrentaram a morte pela causa do mestre.

Experimentaram os mais diversos carismas: todos oravam em línguas e viam seus discípulos orar também, e interpretar tal oração. Experimentaram o poder do dom dos milagres: muitos milagres aconteciam na comunidade cristã. Experimentaram o dom de profecia, e surgiam tantos discípulos que profetizavam. Enfim, em todas as comunidades, o Espírito manifestava-se, e todos presenciavam e experimentavam suas maravilhosas manifestações.

A Igreja primitiva era essencialmente carismática, isto é, movida e dirigida pelo Espírito, que se manifestava de múltiplas formas, e sempre com muito poder.

Se a Igreja primitiva pôde experimentar o Espírito, por que a Igreja de hoje também não o poderia? Se o Espírito era capaz de realizar grandes maravilhas usando pessoas humanas, por que não pode fazê-lo ainda hoje?

4.3.4. OS SANTOS DE TODOS OS TEMPOS

A própria santidade dos Santos e Santas é obra do Espírito, é experiência do Espírito. Ao ler nessa ótica a vida dos Santos, você percebe e descobre que todos eles viveram intensamente a experiência do Espírito Santo. Todos os fundadores e fundadoras experimentaram profundamente a presença, a ação inspiradora e movedora, a força e o impulso do Espírito manifestando-se, quer em suas vidas, quer em suas fundações. Seria longo e fora de propósito trazer os milhares de exemplos nominais.

4.4. A EXPERIÊNCIA DO ESPÍRITO NA IGREJA

Nos primeiros cinco séculos, a Igreja era vigorosamente carismática. Depois passou a institucionalizar-se, hierarquizar-se, clericalizar-se e perder aos poucos a característica e a força carismática. Mas, mesmo assim, sempre houve pessoas que viveram profundamente as mais diversas e poderosas experiências da presença e da ação do Espírito Santo. Mas já não era algo comum nas pessoas e nas comunidades; não era o normal da vida dos cristãos; não era próprio da maioria dos católicos, como o era nos primeiros séculos. As experiências do Espírito pareciam ser privilégio de alguns predestinados.

Com o Vaticano II e o imediato e providencial surgimento da Renovação Carismática Católica, a experiência do Espírito Santo volta a acontecer como "*algo que deve tornar-se necessário, imprescindível e normal*" na vida cristã católica.

Deveria fazer parte natural, necessária e imprescindível da vida cristã católica: ter o Espírito vivo, experimentável e atuante no coração. Experimentar sua presença e sua ação constante. Experimentar suas mais diversas manifestações, quer no trabalho de conversão e salvação, quer no caminho da santidade, quer no experimentar os carismas de toda sorte para o poder apostólico, quer no perceber a presença dos frutos do Espírito.

Na Igreja católica, é dentro dos quadros da Renovação Carismática que hoje se vive mais intensamente a experiência do Espírito, com muitas de suas melhores manifestações. Entre os participantes da Renovação que foram devidamente iniciados no caminho da vida no Espírito, que receberam, de fato, a efusão do Espírito e a cultivam dedicadamente, a experiência do Espírito torna-se algo natural, normal, necessário e imprescindível.

Aliás, essa é uma parcela da missão da Renovação Carismática: levar seus participantes a receber a efusão do Espírito Santo e, a partir de então, viver uma vida cristã carismática, movida e dirigida pelo Espírito; uma vida diária de experiência do Espírito Santo; portanto, uma vida cristã trinitária e de profundo amor fraterno.

A Renovação não estaria cumprindo seu chamado divino se não conseguisse provocar e fazer acontecer em seus participantes a experiência do Espírito Santo, com todas as suas conseqüências e manifestações.

No que toca à experiência do Espírito Santo, a Renovação não estaria cumprindo sua missão se não conseguisse:

— Fazer o pentecostes pessoal acontecer de modo a levar as pessoas a nascerem de novo para uma vida carismática.

— Fazer as pessoas viverem um relacionamento íntimo, cultivado e frutuoso com o Espírito Santo.

— Fazer as pessoas experimentarem normalmente a presença e a atuação do Espírito agindo em suas vidas.

— Levar as pessoas a receber alguns carismas, quer para o ministério próprio, quer para o aperfeiçoamento de seu ministério.

— Agrupar as pessoas para viver mais intensamente a experiência do Espírito Santo com suas edificantes manifestações de toda espécie.

— Renovar os grupos e comunidades de tal forma que as manifestações públicas do Espírito — como profecias, palavras de sabedoria, oração e canto em línguas, curas espirituais, psicológicas, emocionais e físicas, prodígios e até milagres, palavras de ciência, libertações e discernimento dos espíritos — sejam normais e freqüentes.

— Renovar a mentalidade dos católicos para pedir os carismas e realizar seu apostolado, seu ministério, no poder dos carismas do Espírito Santo.

4.4.1. O BATISMO NO ESPÍRITO SANTO

É o grande e necessário ponto de partida para um "novo nascimento", para uma vida no Espírito, para uma vida cristã vigorosa (Cf. Jo 3,3; At 1,4-8; At 2,1-13).

Que é Batismo no Espírito Santo? Para tirar de imediato qualquer dúvida que possa confundir, é preciso dizer "o que o Batismo no Espírito Santo não é.

— Não é um novo, um oitavo sacramento da Igreja, inventado em nossos tempos.

— Não é um sacramental criado pela Igreja com o fim de comunicar alguma bênção.

— Não consiste numa cerimônia religiosa obrigatória para que aconteça a graça do Batismo no Espírito, como: impor as mãos sobre a pessoa, orar em línguas sobre a pessoa etc. — embora se possa fazê-lo, quando se suplica essa graça.

— Não se trata de nenhum gesto externo necessário para que se caracterize o Batismo no Espírito Santo.

O Batismo no Espírito Santo é uma manifestação do Espírito no coração humano para iniciar e realizar uma vigorosa vida cristã, em que o agente principal, experimentável e eficaz é o próprio Espírito de Deus. É um "*pentecostes pessoal*", uma graça poderosa do Espírito Santo, não momentânea, apenas, mas dinâmica, contínua e perene, que cresce, desenvolve-se indeterminadamente.

É uma ação dinâmica do Espírito Santo, semelhante àquela experimentada pelos Apóstolos e discípulos em Pentecostes (At 2,1-13); semelhante àquela experimentada por São Paulo, quando Ananias lhe impôs as mãos em nome de Jesus (At 9,17); idêntica à que receberam os samaritanos, quando Pedro e João lhes impuseram as mãos (At 8,15-17); ou como a que receberam os efésios quando Paulo lhes impôs as mãos para receberem o Espírito Santo (At 19,6).

O próprio Jesus pronunciou e consagrou a expressão "*ser batizado no Espírito Santo*". Encontramo-la seis vezes no Novo

Testamento. A graça do Batismo no Espírito Santo é chamada, também, de "*efusão do Espírito Santo*", "*derramamento do Espírito Santo*" ou "*pentecostes pessoal*".

Você, de fato, já recebeu o Espírito Santo no Batismo, e foi confirmado em sua posse pela Confirmação. No entanto, na Igreja, o Espírito Santo ainda é o "*Deus desconhecido e o amor não amado*", porque não há boa, ampla e habitual evangelização e catequese sobre sua pessoa e sua ação. Como não há entre os católicos do Ocidente uma tradição de acolhimento, abertura, relacionamento e celebração do Espírito Santo, Ele habita no coração batizado, mas pouco pode fazer, exatamente pela falta de conhecimento, intimidade, relacionamento e celebração. "*A pessoa possui o Espírito Santo, mas Ele não a possui*". Eis o problema! Tem-se a nítida e concreta sensação de que o Espírito Santo está em "*estado de coma*" ou, pelo menos, "*anestesiado*" na grande maioria dos batizados na Igreja católica. Basta olhar a qualidade de vida cristã vivida pela maior parte.

Pela graça singular da efusão do Espírito, você faz uma experiência notável de sua presença e ação imediata. Você passa a perceber e experimentar o Espírito Santo como uma pessoa viva, presente, experimentável, atuante. Há uma mudança fundamental. Antes o Espírito era apenas uma "idéia", uma "abstração", uma "verdade aprendida intelectualmente". Agora Ele se torna alguém, uma pessoa muito viva, presente e comunicante. Suas manifestações são percebidas, experimentadas, vividas. Percebem-se claramente os frutos de sua presença e ação. É como se antes o Espírito estivesse de fato "em estado de coma ou anestesiado" e agora ressurge vigoroso, poderoso, atuante, dinamizador.

É uma experiência maravilhosa! Início e fonte de toda uma nova vida cristã carismática, isto é, *movida* (motor) e *dirigida* (direcionada) pelo Espírito. Pela efusão do Espírito Santo, você é levado efetivamente a fazer uma profunda e permanente experiência da presença viva e experimentável, bem como da atuação vigorosa e atuante da pessoa cara do Espírito Santo.

4.4.2. A EXPERIÊNCIA DOS CARISMAS

A efusão do Espírito Santo e seu bom cultivo levam à experiência dos carismas. Para o católico atual, essa experiência é surpreendente, nova e deveras questionadora. O católico que não participa da Renovação, mesmo o mais esclarecido e piedoso, não está habituado a estas experiências tão vivas e fortes dos carismas. Não está acostumado a experimentar o Espírito agindo de forma tão evidente, forte e frutuosa. Tem a sensação de que a manifestação dos carismas não é algo "muito católico".

Onde há manifestações legítimas de carismas, aí está presente o Espírito, e está agindo. "Carismas são *manifestações do Espírito* para proveito comum", diz Paulo (1Cor 12,7). É o Espírito manifestando-se no coração da pessoa, para prepará-la, instrumentalizá-la e capacitá-la para agir em missão apostólica. Portanto, cada manifestação de carisma é uma legítima experiência do Espírito Santo. Experimenta-se o Espírito agindo.

A experiência do carisma de palavra de sabedoria. Você vai evangelizar ou catequizar. Ao fazê-lo, em dado momento percebe que está tendo uma unção, uma sabedoria que não é sua. Percebe estar dizendo verdades e realidades de uma forma tão nova, tão tocante, que você mesmo se admira, e os ouvintes as acolhem de uma forma tão boa que ficam compungidos, tocados e encantados. Você pregou na força do carisma de sabedoria. A unção no falar e no ouvir foi ação do Espírito Santo. Esta experiência é muito comum nos quadros da Renovação Carismática.

Experiência do carisma de ciência. Você presta uma ajuda de aconselhamento. Dispõe-se a ouvir uma pessoa necessitada de ajuda interior, de orientação pessoal, de ajuda na solução de problemas íntimos. Em dado momento, você começa a falar ou a orar, e em sua fala ou oração começa a revelar realidades íntimas, problemas ocultos, causas profundas de males, a ponto de a pessoa poder dizer-lhe: "*Como é que você sabe dessas coisas íntimas de minha vida, se não lhe disse nada e nunca o disse a ninguém?*" O Espírito manifestou-se por meio do carisma de ciência, revelando intimamente tudo o que você precisava saber para auxiliar eficazmente ao irmão. Ambos aqui tiveram uma experiência do Espírito Santo que se manifestou por meio do carisma de ciência. Essas manifestações de ciência são freqüentíssimas nos participantes da Renovação Carismática.

A experiência de orar em línguas estranhas. Você está em oração profunda na presença amorosa de Deus. Em dado momento vem-lhe ao coração e à boca um impulso espontâneo de orar de forma diferente. Brotam balbucios, sons inexprimíveis, uma linguagem diferente, que você mesmo não entende. Mas pela inspiração recebida, pelos frutos interiores, percebe que está orando. É o dom das línguas; é o Espírito orando por meio do coração e da voz da pessoa. Essa experiência do Espírito Santo é muito comum, muito natural até, entre os participantes da Renovação. (Cf. Mc 16,17. 1Cor 12,10.14,1-39).

A experiência do carisma de cura interior. Suponhamos que você se dedique a orar, como intercessor, por pessoas que tenham problemas psicológicos e emocionais. Ao fazê-lo, além de receber o carisma de ciência com a revelação dos verdadeiros problemas da pessoa para poder melhor orar, você começa a perceber que os problemas vão sendo rapidamente curados. Constata que os pacientes melhoram rapidamente e, às vezes, recebem curas imediatas, a ponto de surpreendê-lo, bem como ao próprio irmão necessitado. Eis uma experiência do carisma de cura interior. Felizmente, esta experiência do Espírito Santo também é comum e benfazeja nos quadros da Renovação.

Experiência de cura física. Você se dispõe a orar pelos enfermos. Aprende a interceder, a conduzir de forma sábia a oração pelos que sofrem sob a cruz das enfermidades e doenças. Em dado momento percebe que os doentes por quem ora melhoram rapidamente ou, às vezes, ficam realmente curados num instante. As curas pelo poder de Jesus tornam-se mais numerosas. Eis uma experiência do Espírito Santo. Ele lhe concedeu o carisma de cura. Também esta experiência é freqüente nos bons grupos da Renovação.

Como essas manifestações, há muitas outras, como: experiência de discernimento dos espíritos, de profecia, de carisma eucarístico, de carisma de pastor etc.

Bastam esses poucos exemplos para atestar as múltiplas experiências do Espírito Santo por meio das manifestações dos carismas. Quero salientar que essas manifestações não são raras, excepcionais. São cada vez mais comuns, normais, esperadas e recebidas com naturalidade e, é claro, sempre com muito louvor e ação de graças. Se as manifestações do Espírito não forem normais, comuns, esperadas e recebidas, algo está errado. Algo não vai bem. O normal é o Espírito manifestar-se. Tais experiências complementam a experiência total do Espírito Santo.

4.5. DINAMIZAR A EXPERIÊNCIA DO ESPÍRITO

O Espírito não pode continuar a ser o "*Deus desconhecido e o amor não amado*". É preciso que a hierarquia e todos os pregadores leigos acordem diante da imperiosa necessidade de realizar inteligente e muito bem-feita "evangelização e catequese" sobre o Espírito Santo. É preciso levar o católico a "*conhecer o Espírito, por experiência*". É preciso conduzi-lo a fazer essa experiência, a assumi-la, cultivá-la e desenvolvê-la até a maturidade mais elevada possível.

Os pregadores: bispos, sacerdotes, religiosos e leigos, mais do que todos, precisam viver e cultivar intensamente a experiência do Espírito. Precisam, também, pregar cuidadosa e explicitamente sobre essa experiência, conduzindo as pessoas por este caminho imprescindível da vida cristã: o caminho da vida segundo o Espírito.

A Renovação, por chamado divino, por vocação divina, tem a missão de "*fazer acontecer a experiência do Espírito*" em todos quantos possa atingir com sua capacidade de ação eclesial. Viver essa experiência é viver nas fontes jorrantes da melhor vida cristã. Viver a experiência do Espírito não é privilégio de alguns. É inestimável dom divino para todos, sem exceção. Mas ela não ocorre por acaso; é preciso fazê-la acontecer por uma ação consciente, programada, criativa e regada com muita oração. A Renovação é chamada por Deus a fazê-lo.

CAPÍTULO CINCO

A EXPERIÊNCIA DE DEUS NA RENOVAÇÃO CARISMÁTICA

Os capítulos anteriores devem ser mantidos como pano de fundo para este, que trata da experiência de Deus na Renovação Carismática.

A Renovação Carismática não é um movimento a mais na Igreja Católica. Não é um movimento com um objetivo particular e determinado a ser atingido, como os muitos e bons movimentos que sempre surgiram na Igreja de todos os tempos. Lembro-lhe os diversos movimentos de casais, de jovens, de evangelização, de ação missionária, de estudantes, de operários, de agricultores ou de outras obras apostólicas. A esse respeito, o Cardeal Suenens, grande comandante mundial da Renovação, escreveu: *"Esta graça de renovação espiritual não é restrita, pois é destinada e dirigida a toda a Igreja. O Espírito Santo não é monopólio de ninguém. Nem de uma só pessoa, nem de grupos; e classificar a renovação pentecostal como se fosse 'um daqueles movimentos' especiais que existem na Igreja seria o mesmo que negar sua significação"* (cf. Como um novo pentecostes, de Patti Gallagher Mansfiel. Apresentação do Cardeal Suenens).

O cardeal inicia dizendo que "*Esta graça de renovação espiritual 'não é restrita', pois é destinada e dirigida a 'toda a Igreja'* ". Portanto, destina-se a todos os fiéis: à hierarquia e aos leigos todos. Prossegue enfatizando: "*Classificar a renovação pentecostal como se fosse 'um daqueles movimentos especiais' que existem na Igreja, seria o mesmo que 'negar sua significação'*".

Considerar a Renovação Carismática apenas como '*mais um movimento de Igreja*' é desconhecer sua essência e natureza, sua origem e missão. É descaracterizá-la. É quebrantar sua espinha dorsal. É marginalizá-la. É impedir que realize sua vocação e sua missão, dadas pelo Espírito, alma da Igreja.

A Renovação não é apenas um movimento de "*renovação da oração*", como tantos pensam. Ela deve, sim, renovar também a vida de oração do católico, mas não se restringe apenas a isso. Ela não é, também, um movimento para formar "*grupos carismáticos de oração*", como tantos imaginam. Os grupos são necessários, e até imprescindíveis para a perseverança de seus participantes, mas ela também não se restringe apenas a isso. E não é, tampouco, um movimento *"renovador dos carismas"*. A renovação dos carismas é um dos aspectos talvez mais surpreendentes para a Igreja atual, mas a Renovação Carismática não se limita ou restringe a essa graça maravilhosa. Sua finalidade vai muito além.

5.1. A RENOVAÇÃO É UMA ESPIRITUALIDADE DE VIDA CRISTÃ

A Renovação Carismática é, em essência e por vocação divina, uma espiritualidade. Uma espiritualidade renovadora da vida cristã. Uma espiritualidade pentecostal, cuja força íntima e explícita é o próprio Espírito Santo. É uma espiritualidade renovadora da vida cristã em todos os seus aspectos, dimensões e expressões.

A Renovação não é, porém, uma espiritualidade particular. Não o é como tantas outras espiritualidades (que, aliás, muitos frutos têm produzido na Igreja). Espiritualidades particulares são, por exemplo: a franciscana, a beneditina, a teresiana, a do Coração de Jesus, a focolarina.

A Renovação Carismática é uma espiritualidade geral, global, católica — mas católica no sentido do termo, isto é, universal. É uma espiritualidade renovadora de toda a vida cristã, em todos os seus aspectos e expressões. É um veículo do sopro renovador do Espírito Santo para a Igreja toda. Ela é definida por diversos teólogos e autores como "*um novo Pentecostes*". Portanto é uma renovação "da Igreja, na Igreja", como a definiu o próprio Papa João Paulo II.

A espiritualidade da Renovação Carismática não pode e nem deve substituir as espiritualidades particulares. Quer ser — pode ser — mais um fator renovador, a fim de que essas espiritualidades sejam ainda mais fortes, vivas e vivificantes, renovadas e renovadoras, restauradas e restauradoras, purificadas e purificadoras, e muito mais poderosas. Isto exatamente por ser o Espírito Santo o agente principal e essencial dessa espiritualidade pentecostal.

A espiritualidade da Renovação Carismática não descaracteriza as particulares. Ao contrário, revela-as mais profundamente, renova-as no coração dos que as vivem, fortalece-as e enriquece-as com novas riquezas reveladas pelo Espírito. Por uma vivência profunda da espiritualidade carismática, o beneditino torna-se ainda mais e melhor beneditino; o franciscano torna-se ainda mais e melhor franciscano; o inaciano torna-se ainda mais e melhor inaciano. Aliás, isso é fácil de compreender: o mesmo Espírito Santo que deu a inspiração e o carisma fundacional a cada ordem religiosa, a cada congregação, instituto ou movimento, é que age "na e pela" espiritualidade da Renovação Carismática. Ele não iria agir contra si mesmo!...

5.2. A RENOVAÇÃO E A EXPERIÊNCIA DE DEUS

O cristianismo católico é uma religião experiencial, que nasce da experiência de Deus; vive, alimenta-se e amadurece a partir dessa experiência. Ora, se a Renovação Carismática é uma espiritualidade eminentemente cristã, renovadora da vida cristã, só pode ser uma espiritualidade de experiência de Deus. Ela está fundamentada, enraizada e edificada sobre essa experiência.

A Renovação Carismática, como corrente de espiritualidade, nasceu da Experiência de Deus. Nasceu de um pentecostes pessoal experimentado por um grupo de professores e alunos de uma universidade americana. Nasceu, portanto, de uma forte e profunda experiência da presença e da efusão do Espírito Santo. O Espírito de Deus fez aquelas pessoas entrarem de imediato na experiência de Deus como Pai, e na experiência da ressurreição, da salvação e do senhorio de Jesus. Por aquele pentecostes pessoal, o Espírito Santo levou-as a fazer vigorosamente a experiência do Deus vivo: do Pai amoroso, de Jesus vivo, salvador e senhor, e do Espírito santificador e força do alto. Repito: a Renovação Carismática nasceu da experiência de Deus, feita por aquele grupo de católicos.

Como espiritualidade renovadora da vida cristã, a Renovação Carismática atua, manifesta-se concretamente e realiza sua missão renovadora na Igreja "*renovando os corações*". A partir dos corações, quer renovar as famílias, as comunidades, as paróquias, as dioceses e a própria Igreja. Vai consegui-lo na totalidade da Igreja? Não sabemos. O cristianismo também tem como missão conquistar todos os povos para Deus; fazer discípulos de Jesus, todas as nações. Mas após dois mil anos, infelizmente ainda não o conseguiu. Verdade é, no entanto, que em 28 anos de caminhada a Renovação Carismática já alcançou a expressiva cifra de setenta milhões de participantes.

A Renovação transforma os corações exatamente "provocando e fazendo acontecer a experiência do Deus vivo", a partir e por meio do pentecostes pessoal, ou seja, por meio do Batismo no Espírito Santo. Acontecida essa graça, a pessoa entra necessariamente na experiência do Deus vivo. A Renovação continua sua missão renovadora ajudando as pessoas a crescerem e amadurecerem na sua experiência de vida cristã, vivida com o Deus vivo.

A experiência de Deus é uma realidade tão verdadeira, tão existencial e necessária na Renovação, que sem ela não há vida se renovando; não há vida no Espírito nem, portanto, Renovação Carismática. Quando, pela ação da Renovação, isto é, por um seminário de vida, por uma experiência de oração ou por outro modo, acontece a graça maravilhosa do Batismo no Espírito Santo no coração de uma pessoa, esta entra necessaria e imediatamente em experiência de Deus. Pela ação vigorosa do Espírito Santo, ela passa a experienciar e a viver no dia-a-dia de sua vida: primeiro, a experiência de Deus como Pai criador amoroso; segundo, a experiência de Jesus vivo, seu salvador pessoal e senhor de sua vida; e, terceiro, a experiência da presença viva e atuante do Espírito.

Aquilo que acabo de afirmar é o que tem acontecido com milhões e milhões de católicos no mundo inteiro, onde a Renovação está atuando, e tem conseguido fazer a graça do Batismo no Espírito Santo acontecer nos corações. (A estimativa de 1993 é de setenta milhões de católicos que participam da Renovação Carismática.)

Aquilo que o teólogo Karl Rahner escreveu, nós o vemos acontecendo com muita alegria por meio da Renovação Carismática: *"A pessoa piedosa do amanhã, ou será um místico, isto é, 'alguém que experimentou alguma coisa', ou deixará de ser piedosa. Para aquele que crê é, pois, um imperativo tomar consciência de sua experiência religiosa compreendida como presença vivida e encontro de comunhão com Deus. Precisa demonstrar que sua fé não é uma árida abstração, mas se constitui num tecido ligado à vida. Deve, de alguma maneira, repetir com A. Frossard: 'Deus existe e eu o encontrei'"* (Novo Dic. Esp., p. 1.528). É o que se constata na Renovação: as pessoas experimentam a presença viva e atuante do Deus Uno e Trino. Experimentam pessoalmente a comunhão com cada uma das pessoas divinas. E é exatamente por ser uma espiritualidade experiencial que multidões, no mundo inteiro, acorrem à Renovação Carismática. Não lhes satisfaz uma religião de "áridas abstrações". Buscam um Deus vivo que se deixa conhecer por experiência; um Deus a quem possam experienciar.

5.3. O CORAÇÃO QUER EXPERIENCIAR A DEUS

Muitos salmos revelam a profunda necessidade do coração humano de experienciar o Deus vivo. *"Provai e vede como o*

Senhor é bom!" (Sl 34,8) *"Sois vós, ó Senhor, o meu Deus. Desde a aurora, ansioso vos procuro. Minh'alma tem sede de vós"! Minha carne também vos anseia como terra sedenta e sem água!* (Sl 62,2). *"Assim como a corça que suspira pelas águas correntes, minh'alma suspira por vós, ó meu Deus! Minha alma tem sede de Deus, e deseja o Deus vivo. Quando terei a alegria de ver vossa face, meu Deus?* (Sl 41,2-3).

Por que a Renovação Carismática cresce tanto? Por que, na história da Igreja, nenhuma espiritualidade e nenhum movimento teve tão grande procura e adesão? Por que, em 28 anos apenas, setenta milhões aderiram à Renovação?

A resposta está simplesmente nisto: porque, pela ação do Espírito Santo na Renovação, o Deus vivo, Uno e Trino se faz fortemente presente, se deixa experimentar, age vigorosamente com muitos sinais e prodígios, como num novo pentecostes. Porque as pessoas, mesmo sem conhecer a expressão e a teoria, passam a viver a "*verdadeira experiência do Deus vivo, Uno e Trino*". E é exatamente isso que o coração humano tanto procura na religião.

Os católicos que recebem a graça da renovação do coração pela efusão do Espírito Santo e perseveram nesse caminho de vida cristã empolgam-se com "*esse novo modo de ser católico*", que, bem no fundo, sempre sonharam ter. Sentem que agora vivem de fato sua fé; têm vida nova; tudo tem novo sentido. Muitos percebem que passaram de um catolicismo de "práticas religiosas, muitas vezes rotineiras e vazias", para uma forma renovada de viver e exprimir em vida, em gestos concretos, sua fé renovada.

O Novo Dicionário de Espiritualidade, no verbete "Carismáticos" faz uma síntese das reflexões do teólogo alemão Heribert Mühlen sobre a Renovação Carismática: *"A insistência da Renovação Carismática leva os cristãos a sair quer de uma espécie de racionalismo ascético com o qual vivem a própria fé, quer daquele indiferentismo que confina com uma negação prática de Deus e do sobrenatural".*

"O esquecimento do Espírito Santo que sofremos", anota Mühlen, *"levou-nos a pôr em discussão o próprio Deus: muitas*

vezes vivemos como se Deus não existisse. No centro de nosso ser e de nosso 'coração' tornamo-nos ateus práticos".

"A Renovação Carismática", diz Mühlen, *"ajuda-nos a sair do ateísmo da mente e do ateísmo do coração, faz-nos falar com Deus em voz alta e faz-nos entrar naquela 'nova época' — da qual fala a Gaudium et Spes (n.4) — que se caracteriza por uma 'socialização' também em nível religioso, com a passagem de uma experiência de Deus 'monoteísta' para uma experiência do Deus que é Trindade. A experiência de Deus, na época do Espírito (Rm 7, 6), fundamenta-se sobre a certeza de fé de que 'Deus está verdadeiramente no meio de nós'" (Novo Dic. Esp.*, p. 125).

Feitas por um teólogo de fama internacional, essas declarações têm grande peso e merecem uma reflexão mais atenta.

1. Na primeira parte reconhece que há, nos católicos, uma "*espécie de racionalismo ascético com o qual vivem a própria fé*". Mais. Há um "*indiferentismo que chega aos limites da negação de Deus e do sobrenatural*". Se formos muito sinceros, perceberemos toda a verdade do diagnóstico profundo do teólogo. Quanto racionalismo e frieza espiritual percebemos nos católicos de nossos tempos! Incluindo bispos, sacerdotes e religiosos. Quanta falta de vida, de virtudes, de alegria espiritual, de fervor cristão, de entusiasmo pela Igreja!

Diante dessa realidade, ele vê uma solução, um caminho novo de solução de tão grave realidade. Afirma: "*A insistência da Renovação Carismática leva os cristãos a sair [...] [desse] racionalismo [...] [e] indiferentismo*". Ele insiste justamente sobre a capacidade da Renovação Carismática "*de fazer superar o abismo entre a fé e a esperança, de fazer uma real experiência do Espírito que abre a vida ao encontro com Cristo e com o Pai, na Igreja*".

Heribert Mühlen teve a iluminação de perceber a força divina que está por detrás da Renovação Carismática. Força do Espírito, o qual quer renovar os corações e levá-los a uma fé viva, forte e profunda, baseada e alimentada na experiência de Deus. Força do Espírito, que quer renovar a Igreja. Eis a finalidade da Renovação: ser um instrumento do Espírito Santo para renovar a Igreja, a partir da renovação dos corações.

2. Heribert Mühlen diz ainda que *"O esquecimento do Espírito Santo que sofremos levou-nos a pôr em discussão o próprio Deus: muitas vezes vivemos como se Deus não existisse. No centro de nosso ser e de nosso 'coração' tornamo-nos ateus práticos".*

É uma dolorosa verdade. Durante muitos séculos esquecemos o Espírito Santo. Esquecemos a vida de nossas almas, a alma da Igreja, a luz e o calor necessários para que haja vida e vitalidade. Não seria exatamente por isso que 90% dos católicos vivem como pagãos?

Mais uma vez o teólogo vê na Renovação Carismática a solução de Deus para sair dessa realidade de "ateus do coração: *"A Renovação Carismática ajuda-nos a sair do ateísmo da mente e do ateísmo do coração, faz-nos falar com Deus em voz alta e entrar naquela 'nova época' da qual fala a Gaudium et Spes (n.4) — que se caracteriza por uma 'socialização' também em nível religioso, com a passagem de uma experiência de Deus 'monoteísta' para uma experiência do Deus que é Trindade. A experiência de Deus, na época do Espírito (Rm 7,6), fundamenta-se sobre a certeza de fé de que 'Deus está verdadeiramente no meio de nós'".*

Eis a bela afirmação sobre a experiência de Deus na Renovação Carismática: *"A experiência de Deus, na época do Espírito (Rm 7,6), fundamenta-se sobre a certeza de fé de que 'Deus está verdadeiramente no meio de nós'".*

A experiência de Deus é o coração da Renovação Carismática. Ao mesmo tempo, é a força renovadora dos corações e das comunidades.

5.4. NÃO SE FALA MAS SE VIVE.

Embora a experiência de Deus seja o coração da Renovação Carismática, dela pouco se fala dentro de seus quadros. Quase não se prega sobre essa experiência. Não são realizados retiros explícitos ou seminários de aprofundamento sobre o tema. A grande maioria dos participantes da Renovação, em nosso país, talvez nem tenham noção do que seja uma vida de experiência de Deus.

Isso parece um contra-senso. Porém, a verdade é que "*não se fala mas se vive. Não se prega, mas se faz. Não há teoria, mas vivência*". A experiência de Deus acontece como processo natural e necessário dentro da vida cristã em renovação.

Na Renovação as pessoas recebem a graça renovadora da efusão do Espírito Santo, o qual, por sua vez, faz a experiência de Deus acontecer. Não há efusão do Espírito nem vida no Espírito sem experiência de Deus. A própria efusão do Espírito já é uma forte e inesquecível experiência de Deus. É experiência do Espírito Santo, liberado e agindo de imediato. Até, às vezes, com fenômenos maravilhosos, como: uma viva experiência da presença do Deus vivo; um profundo arrependimento dos pecados da vida passada; um desejo intenso de conversão e mudança radical de vida; uma experiência de transformação interior imediata; um forte desejo de vida de oração como relacionamento com o Deus vivo, acompanhado do dom de louvar em português e, até mesmo, em línguas estranhas; um desejo incontido de servir aos irmãos.

É verdade que nem todos os participantes da Renovação vivem a experiência de Deus. Se isso não ocorre é porque algo está errado; algo falhou. Ou a pessoa não foi iniciada nos caminhos da espiritualidade da Renovação e, por isso, não recebeu a graça da efusão do Espírito; ou a recebeu mas não a cultivou, não perseverou, e a perdeu.

Não basta participar dos grupos da Renovação para entrar em processo de renovação pessoal interior. É fundamental receber uma boa iniciação e, nela, receber o "novo nascimento" pelo Batismo no Espírito Santo. Recebida essa graça inicial imprescindível, é preciso cultivá-la carinhosamente até a maturidade. Em nosso país, muitos participantes da Renovação não fizeram a necessária iniciação. Isso ocorre, em geral, por culpa e irresponsabilidade dos coordenadores ou líderes dos próprios grupos. Eles querem queimar etapas para aumentar o número dos participantes de seus grupos. Ingenuamente pensam que basta entrar num grupo de oração para que tudo aconteça, para que a pessoa entre em processo de renovação do coração e se torne adulta na fé. É pura ingenuidade, que, aliás, só prejudica. Essa tolerância ou ingenuidade, aliás, em vez de ser um bem, torna-se um mal para as próprias pessoas não iniciadas e para os grupos de oração. É por isto que não produzem o fruto desejado, não renovam os corações. Um mal, porque essas pessoas, quase sempre, não chegam a nascer de novo, a receber a efusão do Espírito. Continuam a se arrastar por aquele modo não renovado de fé de vida, sem receber aquela vida nova que explode pela efusão do Espírito. De maneira geral, as pessoas não bem iniciadas, não perseveram por muito tempo nos grupos carismáticos. Antes de tudo é preciso nascer de novo...

5.5. A EXPERIÊNCIA DE DEUS NO CORAÇÃO DA RENOVAÇÃO

A experiência de Deus é o coração da Renovação Carismática, porque o Deus vivo, Uno e Trino é o coração da Renovação.

A finalidade da Renovação Carismática é renovar os corações, renovar a vida cristã nos corações, nas comunidades, na Igreja. Por isso, por vocação e missão, ela se centraliza em Deus: no Deus vivo, no Deus Uno e Trino, em Deus Pai amoroso, em Jesus vivo salvador e senhor, no Espírito santificador.

Em Deus — em comunhão com Ele — a Renovação busca e encontra o sentido verdadeiro de toda a vida cristã e de todas as coisas. O Deus Uno e Trino torna-se a luz iluninadora de todas as realidades. Tudo passa a ser olhado na ótica de Deus, portanto na ótica verdadeira, sem desvios.

De modo todo especial o ser humano é olhado à luz do Deus vivo, é examinado na ótica divina. Assim olhado e examinado, ele aparece como criação bem-amada do Pai criador. Criado à imagem e semelhança de Deus, para ser amor, porque Deus é amor. Filho de Deus, adotado em Jesus Cristo. Membro de Cristo místico. Templo do Espírito Santo. Destinado à glória celeste. Irmão de todos os outros seres humanos. Chamado a viver a fraternidade na Igreja, a participar vivamente da construção do reino de Deus, já aqui na terra. Destinado à glória eterna.

A experiência de Deus não é alienante em relação ao ser humano. Pelo contrário: nessa experiência, descobre-se toda a grandeza do ser humano. Por isso, a Renovação Carismática — que a tem como coração — também não é alienante, e nem o pode ser. É na experiência de Deus, à luz de Deus, na ótica divina que obtém a verdadeira visão do ser humano e de seu destino. A vida no Espírito vivida na Renovação Carismática favorece formar e viver essa verdadeira visão do sentido e do destino do ser humano. Nessa visão, cada ser humano é um irmão; um irmão para ser amado afetiva e efetivamente e no amor, ser evangelizado, catequizado, promovido, libertado, curado, plenificado do Espírito Santo, acolhido em comunidade.

5.6. A RENOVAÇÃO DO CORAÇÃO NASCE DO ESPÍRITO

Assim como a Renovação Carismática, enquanto espiritualidade renovadora, nasceu do Espírito Santo, num determinado dia e lugar, assim também a graça renovadora do coração das pessoas nasce do Espírito, num determinado dia e lugar. Nasce quando o Espírito se libera no coração do batizado e inicia uma obra nova, de forma vigorosa. É a efusão do Espírito Santo ou Batismo no Espírito Santo.

É preciso que a graça da efusão do Espírito Santo aconteça. É o novo nascimento. (Jo 3,3) Porque há um novo nascimento, há uma vida nova. Porque há uma vida nova, há uma nova criatura. Criatura nova, movida e dirigida pelo Espírito. Criatura nova que vive a vida segundo o Espírito, e não segundo a carne. Vida nova do "homem novo", da "mulher nova" e não do homem velho ou da mulher velha, com suas más obras. (Cf. Gl 5,13-25).

Eis a obra do Espírito: pela efusão, a pessoa nasce de novo, passa a viver vida nova, passa a ser uma nova criatura: movida e dirigida pelo próprio Espírito.

É fascinante experimentar pessoalmente essa transformação. É gratificante sentir que no fundo do coração algo está em transformação, não em primeiro lugar por um esforço pessoal, mas pela ação do Espírito de Deus. Essa vida nova é uma experiência de Deus que se prolonga, que pode tornar-se perene e constante, experienciada todos os dias, sempre um pouco mais intensamente.

Quando há um Batismo no Espírito Santo — uma efusão do Espírito — a pessoa passa a experimentar natural e necessariamente:

5.6.1. A EXPERIÊNCIA DO DEUS VIVO

O Deus Uno e Trino torna-se vivo, muito vivo! Como nunca antes, o coração experiencia a presença viva de Deus. Deus torna-se muito vivo, presente, atuante, experimentável. Não como uma emoção de um momento passageiro, mas como uma presença que quer ser definitiva. Uma presença do Deus vivo que se deixa experimentar. Que chama à conversão, que perdoa deveras, e faz perceber o efeito de seu perdão. Que liberta e cura. Que inspira, move e plenifica. Às vezes, uma presença exigente e ciumenta. Outras vezes, animadora, fortificante, confortadora. É o Deus vivo no coração: experimentável. Eis a graça inicial mais expressiva, vivida na Renovação.

5.6.2. A EXPERIÊNCIA DAS PESSOAS DIVINAS

Esse Deus vivo revela-se e se deixa experimentar na singularidade das pessoas divinas. O coração "vê" e "ouve" distintamente a cada uma delas. Dirige-se em oração a cada uma. A Trindade como que "deixa de ser mistério" para o coração, pois ele contempla a cada uma das pessoas. Sente-se amado e ama a cada uma. Percebe o modo próprio de ser de cada uma. Sente os apelos, percebe os questionamentos, constata o modo de agir de cada pessoa divina. É o mergulho na Trindade. Os participantes da Renovação, batizados no Espírito, vivem essa graça tão bela.

5.6.3. A NECESSIDADE DE CONVERSÃO

O coração, atraído e fascinado por esse Deus vivo, Uno e Trino, sente uma forte necessidade de voltar-se para Ele, para viver com

Ele. É o processo de conversão que se inicia imediatamente, por causa da experiência do Deus vivo. Esse processo sempre tem dois passos: primeiro, necessidade de lançar-se mais e mais na conquista de Deus, e, segundo, jogar para bem longe todo pecado, todo vício, todo erro, toda falsidade, tudo, enfim, que magoa a Deus, impede de estar com Ele ou afasta para longe dele.

Na necessidade de lançar para longe todo pecado, exatamente porque ofende ao Deus amado, e dele afasta, o coração busca a conversão ansiosamente. Se preciso, tem coragem de lançar-se por caminhos de penitências, às vezes rigorosas: jejuns, abstinências, renúncias, orações prolongadas, esmolas, partilhas de bens, procura mais freqüente da confissão, da Santa Missa e Comunhão diárias.

Esse processo de conversão está necessariamente ligado à experiência viva e vivida de Deus. É obra do Espírito Santo. Essa realidade é experienciada vivamente na Renovação.

5.6.4. A NECESSIDADE DE ORAÇÃO

Da necessidade de relacionar-se com Deus, nasce a necessidade de vida de oração. Surge a necessidade de ter tempo diário para estar com o Deus vivo; de celebrar viva e santamente os sacramentos; de dar um sentido novo, rico e profundo a todas as práticas religiosas de piedade; necessidade, enfim, de um relacionamento muito concreto, rico, profundo e transformador com o Deus vivo e com cada uma das pessoas divinas.

5.6.5. LOUVOR E GLORIFICAÇÃO DO DEUS VIVO, UNO E TRINO

O coração batizado em Deus, isto é, mergulhado na experiência do Deus vivo, Uno e Trino, não apenas experimenta como nunca antes as maravilhas de Deus em sua vida, mas as percebe também na vida dos irmãos. Mais, muito mais, esse coração passa a conhecer por experiência como é maravilhoso esse Deus que entrou em sua vida. Como são grandes suas obras na criação, nos céus e na terra, no ser humano e em todas as coisas criadas. O coração batizado, mergulhado na experiência de Deus, começa a maravilhar-se, a encantar-se com o Deus vivo. E, nesse maravilhamento e encantamento, sente necessidade de louvar, glorificar, bendizer, exaltar e proclamar as maravilhas de seu Deus.

O coração entra na dinâmica da oração do louvor. O louvor, a glorificação, a exaltação, o engrandecimento de Deus tornam-se uma necessidade e, ao mesmo tempo, uma alegria perene. A oração de louvor torna-se uma tônica na vida desse coração.

Toda essa obra interior não é produto de esforço humano. É, sim, obra do Espírito Santo. Aliás, para que a glorificação de Deus seja ainda mais perfeita, santa, jubilosa e condigna, o Espírito muitas vezes concede o dom das línguas. Por esse dom, o louvor torna-se perfeito, pois é o próprio Espírito quem louva por meio do coração, da voz, dos olhos, do corpo do orante. Essa experiência é freqüente na Renovação.

5.6.6. VIDA NA IGREJA E AMOR À IGREJA

Ao mesmo tempo em que leva a mergulhar na Trindade, o Espírito leva também a mergulhar na comunidade-Igreja. Por um processo único e necessário. O coração mergulhado na experiência da Trindade, batizado na Trindade, experimenta o amor de Deus e de cada uma das pessoas divinas. Mas descobre que, com o mesmo amor infinito, gratuito, incondicional com que é amado, Deus Uno e Trino ama a "cada uma das pessoas humanas". Ama a todos com igual amor. O coração, ao entrar no coração de Deus, descobre ali dentro todos os queridos de Deus: todas as pessoas.

Nessa descoberta do coração (nem sempre da cabeça, da mente consciente), a pessoa é impulsionada a entrar em "comunhão e participação" com todos os outros amados de Deus, na comunidade de Deus, na família de Deus que é a Igreja. Sente necessidade de participar vivamente da vida e da missão da comunidade-Igreja.

É impressionante o amor pela Igreja criado pelo Espírito Santo naqueles que recebem sua efusão. Não poderia ser diferente, pois a Igreja passa a ser compreendida como o corpo místico de Cristo ressuscitado. O amor à Igreja é uma das mais gratificantes comprovações que se podem fazer entre os membros da Renovação. O amor à Igreja, ao Papa, aos bispos e sacerdotes (mesmo àqueles que rejeitam, atacam e maldizem a Renovação), o amor às causas da Igreja, seus ministérios e apostolados, é uma presença forte no coração e nos quadros da Renovação.

5.6.7. A EXPERIÊNCIA DOS MINISTÉRIOS E CARISMAS

Ligada ao amor à Igreja e à necessidade de conviver e participar, está a decisão interior de assumir concretamente algum trabalho apostólico, algum ministério, dentro da organização pastoral. Essa necessidade de comprometimento nasce da experiência de Deus, ou mais propriamente, da experiência do Espírito que se manifesta e se faz experimentar na presença e no poder dos carismas.

Quando acontece a efusão, o coração torna-se terreno fértil para o Espírito Santo semear os carismas. Estes são instrumentos de trabalho apostólicos. São capacitações dadas pelo Espírito para trabalhar para o reino. São instrumentalizações do Espírito Santo para aqueles que decidem colaborar na obra de Deus (*Lumen Gentium* 12, 15, 30, *Apostolicam actuositatem* 3).

Animadas, entusiasmadas, mais capacitadas e impulsionadas pela experiência dos carismas, as pessoas se lançam para o trabalho apostólico. E o resultado é, quase sempre, muito visível, compensador e gratificante.

No passado, não poucos bispos e padres quiseram rotular a Renovação Carismática como "um movimento alienante". Nem perceberam a grotesca contradição de suas próprias palavras ou escritos. Falar em carismas é falar em "poderes concedidos pelo Espírito para a ação, para o trabalho, para o serviço, para o ministério. Falar em carismas é falar de "capacitações, de instrumentalizações" para o serviço aos irmãos, para o trabalho na comunidade, para o ministério "com poder", com a força do alto, concedida pelo Espírito Santo, que se manifesta pelos carismas (cf. *Unitatis redintegratio* 2; *Presbiterorum ordinem* 9.)

A experiência dos carismas, que é uma bela e até impressionante experiência da presença e da ação imediata do Espírito, gera novos e mais capacitados servidores do reino de Deus.

5.7. CONCLUSÃO

A vida em renovação por meio da espiritualidade da Renovação Carismática é essencialmente uma vida de experiência de Deus. Não há Renovação Carismática sem experiência de Deus. Não é possível existir vida no Espírito, vida nova, sem a presença e a atuação do Deus vivo, sem experimentar a presença e a ação de Deus.

É da experiência do Deus vivo, Uno e Trino, que nasce a vida carismática, a vida em renovação, a vida no Espírito. Ao mesmo tempo, para que essa mesma vida carismática possa desabrochar, crescer e chegar à maturidade é preciso que haja o cultivo permanente da experiência de Deus.

O trabalho concreto essencial da Renovação Carismática, realizado por meio de seus métodos de ação, é levar as pessoas à experiência inicial de Deus, que é o Batismo no Espírito Santo. Depois, por um trabalho planejado, organizado e perseverante, ajudar as mesmas pessoas que nasceram de novo a chegar à meninice espiritual, à adolescência, à juventude e à maturidade espiritual. O produto final da missão ou do trabalho da Renovação Carismática na Igreja é "formar cristãos maduros na vida cristã". Vida cristã madura que é, em última análise, uma vida cristã vivida na experiência de Deus e no amor afetivo e efetivo para com todos os irmãos.

CAPÍTULO SEIS

A EXPERIÊNCIA DE CONVERSÃO AO DEUS VIVO

Viver a experiência de Deus é conviver com o Deus vivo. É conhecê-lo pessoalmente, intimamente, exatamente como Ele é. Evidentemente, dentro de nossas limitações humanas. Viver a experiência de Deus é viver um relacionamento profundo de amor com Ele, que é essencialmente amor.

Viver em comunhão com o Deus vivo, com o Pai, com Jesus e com o Espírito Santo implica você espelhar-se nele, confrontar-se com Ele. Nesse confrontar-se com o Deus vivo e espelhar-se nele, transparece logo uma evidente contradição: Ele, infinitamente grande, santo, perfeito, bom, misericordioso, amoroso, fiel, poderoso, perfeitamente feliz e completo em si mesmo. Você, infinitamente pequeno, pobre, frágil, pecador, inconstante, infiel, desleal, infeliz, necessitado de tudo.

Ao estar diante de Deus, transparece ainda outra contradição. Ele, todo voltado para você, todo interessado em você;

interessado por seu bem, por sua saúde, felicidade e realização. Ele, querendo enriquecê-lo com suas riquezas supremas. Procurando-o para oferecer-lhe seu amor, sua amizade, seu socorro, sua ajuda. Chamando-o para viver em comunhão com Ele, em seu amor poderoso, em sua amizade benfazeja. De sua parte, você tão pouco voltado para Ele; tão pouco atento a seu chamado; tão fechado a sua oferta de riquezas de toda sorte. Desinteressado de viver em comunhão e relacionamento profundo com Ele. Pouco interessado em sua amizade, em sua companhia, em seu amor. E, o que é pior, tantas vezes "revoltado" contra Ele. Aliás, não apenas você, mas todo ser humano. Realmente, todo aquele que se põe diante de Deus, que se confronta com Deus, que se espelha nele, percebe de imediato essas contradições.

A experiência de Deus, o relacionamento com o Deus vivo leva a constatar com o coração e a lamentar essa realidade tão existencial e experimentada quase todos os dias. Surgem então dois sentimentos profundos:

Primeiro: o lamento por existirem essas contradições.

Segundo: o desejo intenso de conversão, de lançar-se para Deus.

O lamento. O coração que vive a experiência de Deus não se conforma com o não saber, com o não poder, com o não conseguir corresponder dignamente ao amor, ao interesse, ao chamado, à bondade do Deus vivo. Dói-lhe profundamente constatar sua fraqueza e incoerência em face da amizade de Deus. Quer corresponder-lhe com perfeição, mas a fragilidade humana o impede. Gostaria de viver em profunda santidade diante do Deus três vezes santo, mas não o consegue. Pior. Tantas vezes acaba ofendendo-o. É o lamento do coração desejoso de conviver com o Deus vivo, mas impedido por suas próprias imperfeições.

A conversão. Vivendo a experiência de Deus, conhecendo por experiência pessoal como o Deus vivo é maravilhoso e amoroso, sabendo quanto Ele deseja uma comunhão profunda de vida com você, seu coração, que tanto lamenta não conseguir corresponder-lhe, lança-se à procura da conversão; sente uma imperiosa necessidade de converter-se para seu Deus de amor. Impulsionado pelo Espírito Santo, seu coração anseia intensamente, e busca ardentemente poder mergulhar a fundo na comunhão com o Deus vivo. Sabe que é na comunhão com seu Deus que vai encontrar a plenitude de seus anseios mais vivos e profundos. É o que expressa o salmista: "*Ó Deus, vós sois o meu Deus, com ardor vos procuro. Minh'alma está sedenta de vós. Minha carne também vos deseja, como a terra árida e sequiosa e sem água*" (Sl 62,2).

6.1. DEUS CHAMA À CONVERSÃO

Por mais incrível que possa parecer, é Deus quem toma a iniciativa de chamar seu coração humano para uma comunhão e para um relacionamento profundos com Ele. Deus o criou por amor, para você ser "como filho único". Sonha fazê-lo feliz e perfeitamente realizado. Por isso o chama insistentemente para uma aliança de amor. Deus quer fazer uma aliança de amor com você; quer ser seu "aliado". Deus percebe sua fraqueza humana, a frieza de seu coração, a dificuldade de elevar-se para Ele, bem como a inconstância em suas decisões de conversão. Por isso toma a iniciativa de chamar seu coração para que se volte para Ele; convida-o a aceitar sua comunhão e toda riqueza que Ele lhe pode dar.

O Deus vivo chama-o para uma comunhão de amor. "*Por isto, diz o Senhor, volta para mim de todo teu coração, com jejuns, lágrimas e gemidos de tristeza. Rasga teu coração e não tuas vestes; volta para o Senhor, teu Deus, porque Ele é bom e compassivo, paciente e indulgente, pronto a renunciar ao castigo que mereces*" (Jl 2,12-13). O chamado de Deus por meio dessas palavras é vivo e expressivo. Chama para que você se volte de todo coração, e não apenas com um pedaço, uma parte dele. O coração deve pertencer-lhe todo. Não pode estar dividido entre o Deus vivo e ídolos falsos e escravizadores. "*Ninguém pode servir a dois senhores...*" (cf. Mt 6,24).

O Deus vivo clama: "Converte-te ao Senhor, abandona teus pecados... Volta para o Senhor, afasta-te de tua injustiça... Anda na companhia do povo santo, com os que vivem e proclamam a glória de Deus" (Eclo 17,21-25). O Deus santo convida: *"Converte-te. Renuncia a todas as tuas faltas! Repele para longe de ti todas as tuas culpas, para criar em ti um coração novo e um espírito novo. Por que haverias de morrer? Converte-te e viverás"* (Ez 18,30-32). Deus chama: quer amizade, comunhão, coração novo, vida plena. Quer o melhor para você, porque o ama e quer vê-lo feliz, realizado.

Para poder voltar-se de "todo coração" é preciso remover a grande barreira, eliminar a grande força contrária. É preciso expulsar todo pecado, todas as faltas e culpas. O pecado rompe o relacionamento com o Deus vivo, pois o ofende. O pecado faz morrer a vida verdadeira, a felicidade, a realização, pois rompe o melhor relacionamento com Deus. O pecado é semente de morte, pois faz morrer a amizade com o Deus vivo. Quem peca semeia sementes de morte. Quem semeia essas sementes vai colher morte do coração. Deus não quer a morte, pois Ele é vida, é o Deus da vida, é o Deus vivo. *"Convertei-vos e vivereis"* (Ez 18,32).

"Volta ao Senhor, teu Deus, porque foi teu pecado quem te fez cair. Mune-te de palavras de súplicas e volta ao Senhor. Dize-lhe: perdoa todos os meus pecados. Acolhe-me favoravelmente" (Os 14,1-2). Deus quer a volta. Ele a deseja e espera. Nesse texto, Deus até ensina como fazer para voltar: *munir-se de palavras de súplica e clamar por perdão, por misericórdia. Clamar por perdão para poder voltar à amizade com Ele.*

6.2. DEUS CHAMA PARA A COMUNHÃO DE AMOR. O CORAÇÃO RESPONDE PELA CONVERSÃO.

O Deus vivo "*chama*" à conversão. Seu coração "*responde*" convertendo-se. Deus chama à comunhão, à "*comum-união*", à amizade, ao relacionamento pessoal com Ele. Seu coração responde buscando a comunhão, cultivando sua amizade com Ele, mantendo um relacionamento constante, íntimo e amoroso com Ele.

Converter-se é, pois, aceitar e concretizar em forma de vida uma comunhão de amor com o Deus vivo: com o Pai, com Jesus vivo e com o Espírito Santo. Uma "comum-união" estável, permanente, cultivada e criativa. Uma comunhão em que o seu coração é cada vez mais perdoado, libertado, curado, iluminado, purificado, plenificado do Espírito, ensinado nos caminhos da sabedoria divina. Convertendo-se, seu coração torna-se sempre mais semelhante ao de Jesus, na perfeição de seu modo de ser, de viver, de pensar, de agir, de relacionar-se.

Converter-se é decidir-se a viver concretamente a vida de filho de Deus. Portanto, organizar a própria vida segundo os ensinamentos, os conselhos, as orientações e os mandamentos de Jesus vivo. Viver essa vida proposta por Deus, com determinação e alegria. Como quem tem absoluta certeza de que esse é o caminho verdadeiro da realização, da felicidade, do bem, da verdade. Converter-se é viver o caminho traçado por Deus para seus filhos.

Converter-se exige, naturalmente, renunciar, abandonar e afastar-se de tudo aquilo que ofende ao Deus vivo, que enfraquece ou corta a amizade com Ele, que seja falso, errado e mau; enfim, implica afastar-se de todo pecado. Porque vive a experiência de Deus, porque conhece a maravilha de Deus e a maravilha de viver em comunhão com Ele, seu coração não lamenta nem titubeia deixar todo pecado. Entende perfeitamente que o pecado é contrário a essa comunhão tão desejada. Compreende que todo pecado ofende ao Deus vivo, e é sempre prejudicial a si próprio ou aos irmãos.

6.3. CONVERSÃO PARA OS IRMÃOS

Sua conversão progressiva para o Deus vivo leva-o necessariamente à conversão para os filhos de Deus, seus irmãos no Espírito.

Converter-se para os irmãos significa voltar-se para eles de todo coração, para amá-los incondicionalmente e sem restrições. Significa você decidir-se a amar ao próximo de todo coração, porque ele é filho de Deus, é seu irmão pelos laços do espírito.

É impossível alguém converter-se verdadeiramente para o Deus vivo e não converter-se para os irmãos. É no coração de Deus que estão aninhados todos os irmãos, pois são seus filhos. Pergunto: quem mora no coração de um pai, de um mãe? Se você pudesse entrar no coração de seu pai, ou de sua mãe, ou de seu filho, quem encontraria lá dentro? No coração da mãe você encontra o marido, os filhos, os genros, noras e netos. Todos os que para ela são importantes, significativos, amados e preciosos. Pois bem. Entre no coração de Deus. Quem você encontra lá dentro? Aqueles que Ele ama, que são importantes e preciosos a seus olhos: todos os seus filhos.

É impossível entrar no coração de Deus e não encontrar todos os seus filhos, que Ele criou para fazer felizes no amor. É impossível você entrar ali e não encontrar seu próximo mais próximo: seus familiares, amigos, vizinhos, pessoas com quem trabalha, com quem convive, com quem encontra. É impossível entrar no coração de Deus e não encontrar todos os que são Sua preocupação primeira: os pecadores, os enfermos, os transviados do caminho da luz, os pobres, os infelizes.

É impossível alguém converter-se para Deus e manter-se alheio aos queridos de Deus. A conversão para Deus leva necessariamente a uma abertura, acolhimento, amor e compromisso com os irmãos, filhos do mesmo Pai celeste. É um processo natural e necessário. Porque você ama a Deus, sente amor por seus queridos filhos que, ao mesmo tempo, são seus irmãos.

Se você olhar para os dois mil anos de catolicismo, perceberá que todos os que mais se dedicaram e gastaram suas vidas pelo bem dos irmãos foram os que mais estavam convertidos para Deus; foram os que viveram mais profundamente a comunhão com o Deus vivo. Lembre-se, apenas, de Madre Teresa de Calcutá, de Irmã Dulce da Bahia, tão conhecidas e tão próximas de nós. Onde buscaram tanto vigor para servir aos irmãos mais necessitados? Sem dúvida foi na conversão profundíssima ao Deus da vida, na experiência do Deus vivo. Porque viviam mergulhadas no amor de Deus, entregavam-se sem medidas ao amor dos irmãos mais necessitados.

6.4. O SENTIDO DO PECADO

A experiência de Deus leva necessariamente seu coração humano à busca constante da conversão. A experiência feliz e realizadora da comunhão com o Deus vivo desperta a necessidade de aumentar sempre mais o relacionamento com Ele, e nele com os irmãos. Ao mesmo tempo, seu coração entende profundamente que a amizade com Deus, a comunhão com o Deus vivo, exclui necessariamente todo pecado. O Espírito Santo iluminador revela a seu coração que todo pecado, seja qual for, sempre ofende, decepciona, entristece e magoa o coração de Deus. Seu coração redescobre o verdadeiro sentido doloroso do pecado, como "*ofensa ao Deus Justo e Santo*" (João Paulo II).

Como entender que todo pecado ofende a Deus? Procure compreendê-lo.

Você pode pecar diretamente contra Deus, pode pecar contra o próximo, contra si mesmo e até contra a criação divina.

Primeiro. É fácil compreender que o pecado cometido diretamente contra Deus o ofende, o entristece. O pecado direto contra Deus é aquele pelo qual alguém conscientemente o agride, o combate, contraria seus direitos, deturpa suas leis ou cria leis contrárias. É pecado direto contra Deus: blasfemar contra Ele, maldizê-lo, negar sua existência, acusá-lo de ser culpado dos erros cometidos pela humanidade e pelas pessoas em particular. E ainda, lutar para destruir sua obra nos corações. É combater injusta ou maldosamente sua Igreja e seus ministros. É profanar os lugares santos, as pessoas consagradas e os objetos a Ele consagrados. É praticar falsas religiões, difundi-las, seduzindo outros para o caminho do erro. Em síntese, são todos os pecados contra os três primeiros mandamentos divinos. Compreende-se facilmente que esses pecados todos ofendem, magoam, decepcionam o coração de Deus, pois são cometidos diretamente contra Ele.

Segundo. Ofende muito a Deus todo pecado cometido contra os irmãos, seja quem for. Por que um mal feito a uma pessoa, um pecado contra o próximo ofende a Deus? Vamos explicá-lo. Aliás, quero dizê-lo logo: "*Todo pecado contra os irmãos ofende, magoa, entristece duplamente a Deus*". Por quê? Primeiro, porque a pessoa ofendida é muito amada por Deus Pai, por Jesus e pelo Espírito Santo. Porque é filha de Deus Pai. Porque Jesus a remiu a preço de seu sangue. E porque o Espírito mora em seu coração. Você compreende que Deus não pode ficar indiferente ao ver seu ente querido ofendido, maltratado, prejudicado. Em segundo lugar, Deus fica ofendido porque é outro filho seu quem ofende, prejudica, maltrata ao próprio irmão.

Ponha-se no lugar de Deus... Imagine que você seja casado, tenha um filho de vinte e dois anos e uma filha de dezoito. Como você se sentiria se seu filho caluniasse sua filha, acusando-a de ladra, ou difamando-a publicamente de ser lésbica, ou se por causa de uma discussão sem maior importância ele a surrasse e a machucasse? Como você se sentiria? Será que ficaria indiferente, como se nada tivesse acontecido? Porque você os ama, pois são seus filhos, você com certeza ficaria duplamente triste, ofendido e pesaroso. Primeiro, porque foi sua filha quem foi caluniada, ofendida. Segundo, porque foi seu próprio filho, irmão dela, quem a ofendeu. Repito: ponha-se no lugar de Deus, que ama infinitamente a cada ser humano, mesmo àqueles que não o amam. É muito natural que ao ver seus queridos sendo ofendidos, prejudicados, agredidos e até assassinados, Ele se sinta ofendido, magoado, triste. Não poderia ser diferente.

Portanto, todo pecado que você comete contra o irmão respinga duplamente em Deus. Ofende duplamente Seu coração. Primeiro, porque o ofendido, o prejudicado por você é muito querido de Deus Pai, de Jesus e do Espírito Santo. Segundo, porque você, que também é muito querido de Deus, acabou ofendendo seu próprio irmão. Reflita sobre essa verdade em seu coração. Medite-a profundamente para "renovar em seu coração" o sentido do pecado como ofensa ao Deus justo e santo, bem como para ter horror a ofender ao Deus de seu coração.

Terceiro. O pecado que você comete contra si mesmo também ofende a Deus, exatamente porque Ele o ama infinitamente, com amor gratuito e incondicional. Que pecados pode cometer contra si mesmo? Destruir a própria saúde por vícios, por excesso de trabalho. Atentar contra a própria vida. Descuidar de seu bom nome, de sua honra pessoal. Ruminar ódios, raivas, vinganças a ponto de tornar-se escravo do desamor e comprometer seu equilíbrio emocional e sua saúde física. Entregar-se a vícios pecaminosos, a práticas pecaminosas de toda espécie.

Porque Deus o ama, não pode ficar indiferente ao vê-lo pecar contra si mesmo, ao vê-lo destruir-se. Como você se sentiria se seu filho de vinte anos estivesse se destruindo pela cocaína, ou estivesse dominado pela prostituição, ou comprometido em homossexualismo? Como se sentiria? É o que Deus sente, lamenta e sofre ao ver seus filhos destruindo-se pelo pecado de toda espécie.

Tenho certeza de que você compreendeu perfeitamente como todo pecado ofende, magoa, entristece o coração do Deus vivo.

Quando você compreende essa verdade, seu coração descobre definitivamente que o pecado não é apenas "*uma coisa errada*", "*um ato reprovável*", "*uma coisa feia*". Descobre a dimensão "*amor-desamor de Deus*" que existe sempre em todo pecado. Porque o Espírito ilumina seu coração e o faz descobrir essa dimensão do pecado como "*ofensa ao Deus tão querido*", você sente necessidade de romper com o pecado, de tirá-lo da própria vida, de eliminar suas causas, de curar as conseqüências dos pecados passados, de fugir das ocasiões de pecar. Seu coração sente progressivamente horror a ofender a seu Deus tão bom e santo. "Antes morrer do que pecar", gritaram muitos Santos. Por que fizeram? Porque eram apaixonados pelo Deus vivo e entendiam profundamente que seu pecado ofendia, magoava, decepcionava o coração de Deus. Preferiam morrer a perder o amor, a amizade de Deus.

6.5. A GRAÇA DO ARREPENDIMENTO

Junto com a redescoberta de que todo pecado ofende ao Deus vivo, conhecido por experiência e, por isto, tão amado, o Espírito Santo concede a grande graça do arrependimento dos pecados cometidos. Arrependimento não apenas por ter errado, por ter cometido uma ação errada, mas por ter ofendido, entristecido, decepcionado ao Deus vivo. Quando se ama, sente-se muita tristeza e arrependimento por ofender o amado. Essa é a lógica do coração que ama a Deus e por Ele se sente amado.

Arrepender-se é lamentar, é sentir-se triste por ter ofendido ao Deus justo e santo, por ter decepcionado o amável-amado. Ao mesmo tempo, arrepender-se é sentir impulso de reconciliar-se com Ele e reparar o desamor praticado.

O arrependimento do coração é uma força poderosa para romper com o pecado, para fugir das tentações e ocasiões de pecar, para arrancar as raízes que produzem pecado e curar as conseqüências dolorosas dos pecados do passado.

Eu atendia confissões numa manhã de sexta-feira santa, numa igreja em Santa Catarina, quando um senhor de meia-idade veio buscar o perdão divino e a reconciliação com seus irmãos e consigo mesmo. Acusados os seus pecados numa confissão muito sincera e completa, ele caiu num pranto copioso. Chorava, soluçava incontroladamente, a ponto de colocar o lenço diante da boca para que seus soluços não fossem ouvidos fora do confessionário. Confesso que seu arrependimento me tocou muito e me questionou sobre meu arrependimento, quando peco.

No mesmo dia, pelas doze horas, recebi um telefonema de outro senhor pedindo para ser atendido fora do confessionário. Atendi-o na sala de visitas da casa paroquial. Não havia ainda terminado sua sincera acusação, quando entrou num choro muito sentido, muito arrependido. Aguardei que se acalmasse para prosseguir na celebração. Como nunca antes, entendi a grandeza e a importância da *"graça do arrependimento"*. Arrependimento por ter ofendido a Deus pelos próprios pecados. Após aquela abençoada sexta-feira santa, nunca mais deixei de pregar sobre "o sentido do pecado como ofensa a Deus, e sobre a graça do arrependimento".

Quem ama arrepende-se por ofender ao amado. Se você ama a Deus, sente, sofre, lamenta quando cai em si e percebe tê-lo ofendido, ou diretamente, ou na pessoa do irmão, ou em sua própria pessoa.

6.6. UM FRUTO PRECIOSO DA RENOVAÇÃO

A necessidade de conversão profunda, constante e permanente é um fruto precioso colhido por todos os que vivem a experiência do Espírito Santo na Renovação. Aliás, é um fruto necessário. Sem um processo verdadeiro de conversão não há processo de santificação. O produto final da vida cristã e, portanto, da Renovação é a santidade de vida. Fomos criados, e depois remidos, para sermos santos, como o Pai é santo (Ef 1,3-4).

Quando se recebe a graça do pentecostes pessoal, o Espírito Santo revela e leva o Deus vivo ao coração. Ao mesmo tempo concede um desejo ardente e insistente de voltar-se, de converter-se inteiramente para Deus e viver a comunhão mais profunda com Ele. Portanto, experiência de Deus e conversão caminham de mãos dadas. Quanto mais se conhece ao Deus vivo, mais necessidade se sente de conviver com Ele. É uma lógica da ação do Espírito no coração batizado.

Essa lógica do Espírito nós a encontramos concretamente em milhões de católicos que participam da espiritualidade da Renovação Carismática no mundo inteiro. Todos os que recebem e cultivam a grande graça da efusão do Espírito Santo sentem o chamado insistente para o trabalho pessoal de conversão. O Espírito não cala... não desiste... insiste e questiona. Sabe e revela ao coração que a conversão, que o voltar-se a Deus de todo coração é imprescindível para que Ele possa realizar sua obra de santificação.

É admirável contemplar essa busca de conversão nas pessoas da Renovação. Admira muito como sentem necessidade existencial de conversão. Como desejam eliminar todo vício pecaminoso! Quanto querem romper com todo pecado! Como buscam curar o coração das feridas deixadas pelo pecado pessoal e alheio! Como anseiam fazer morrer o homem velho com seus vícios, e viver o homem novo com suas virtudes e frutos do Espírito! Quanto buscam libertar-se de toda experiência religiosa negativa ou escravizadora!

Nessa busca de conversão inspirada e movida pelo Espírito Santo, a pessoa redescobre o grande valor do sacramento da confissão. Redescobre-o e busca celebrá-lo com freqüência, pois experimenta a graça da redenção de Jesus acontecendo em seu coração e transformando sua vida. Redescobre, também, o grande valor da ascese: jejuns, penitências, abstinências, oração mais prolongada, tudo como canal de graça de conversão. Redescobre a santa Missa e a santa Comunhão eucarística como graça máxima de perdão e conversão. Todas essas práticas, aliás, são reveladas ao coração pelo Espírito. Não como algo mágico, mas como formas e meios de comunhão consciente com o Deus da vida plena. O Deus que pode, sabe e quer tocar o coração humano, convertê-lo e atraí-lo todo para si.

Como sacerdote que prega para os participantes da Renovação, fico admirado e impressionado ao constatar, acompanhar e admirar o processo de conversão verdadeira e corajosa de tantos adultos e jovens. Porque o processo de conversão é dinâmico e cultivado, encontro muita santidade de vida. Santidade verdadeira, profunda, admirável. Encontro-a em casais, em adultos e jovens. Quanta santidade em corações verdadeiramente convertidos para o Deus vivo e, por isto, profundamente abertos ao amor e a toda sorte de serviço aos irmãos.

CAPÍTULO SETE

A VIDA EXPLODE NA EXPERIÊNCIA DE DEUS

A experiência de Deus é o "*fundamento*" e a "*fonte*" da vida cristã plena. Em outros termos: o conhecimento pessoal, íntimo e profundo do Pai celeste, de Jesus ressuscitado e do Espírito Santo é o "*fundamento*" da vida cristã e a "*fonte*" da qual jorra a vida em abundância. Aliás, torna-se fundamento cada vez mais sólido, e fonte sempre mais jorrante à medida que esse conhecimento experiencial é dinamizado por um relacionamento diário, criativo e cultivado.

Deus é amor. Amor é vida. Deus é vida, é fonte de toda vida existente. Deus é origem e manutenção da vida que palpita em todos os seres. De forma particular e especial, Deus é origem e fonte da vida que palpita, anima e move o cristão: a vida divina infundida no Batismo, a qual explode na efusão do Espírito Santo. "*Eu vim para que as ovelhas tenham vida e a tenham em abundância*" (Jo 10,10).

Essa, aliás, é uma realidade constatada concretamente na Renovação Carismática, sempre que ocorre a efusão do Espírito Santo, e quando o coração batizado no Espírito cultiva cuidadosamente a graça recebida em abundância. Porque o Espírito Santo faz acontecer a experiência de Deus, isto é, a experiência do amor do Pai, a experiência de Jesus vivo, como salvador e senhor, e a experiência dele próprio, a vida explode no coração e se manifesta em todas as direções e relacionamentos, com um realismo e dinamismo sem precedentes.

7.1. RELIGIÃO É VIDA

A experiência do Deus vivo e o relacionamento íntimo com o Pai, com Jesus e com o Espírito Santo transformam profundamente o sentido da religião. À luz da experiência de Deus, a religião torna-se vida vivificante, comunhão de vida com Deus. Deixa de ser apenas um conjunto de práticas, de rituais, de cerimônias e de rezas, para tornar-se, antes de tudo, uma vida consciente e assumida. Na experiência de Deus, a religião torna-se relacionamento com o Deus vivo, conhecido por experiência, escolhido como seu Deus verdadeiro e bem supremo, cultuado com as melhores expressões do coração.

Sua prática religiosa torna-se vida comunicante, expressão de vida e amizade, de relacionamento e comunhão com Deus. Seus atos religiosos internos e externos, suas expressões concretas de religiosidade, brotam sempre do coração que se sente "*re-ligado*", "*re-laçado*" com seu Deus. Os atos religiosos concretos tornam-se, necessariamente, expressões do amor que ligam seu coração ao Deus vivo.

A obrigação de suas práticas religiosas, seu dever de cumpri-las sob pena de pecado, como: ir à missa ao domingo, confessar-se uma vez por ano, casar na Igreja, pagar o dízimo etc., transforma-se em ato voluntário, em expressão de seu amor e louvor, de sua adoração e gratidão para com Deus. Seu coração compreende, também, que ao realizar tais gestos concretos de religião não está fazendo favor ao Deus de amor. Está, sim, oferecendo-lhe uma oportunidade de agir. Entende que, por meio deles, Deus sempre quer abençoar, beneficiar, libertar, curar, santificar, enfim, comunicar mais vida a todo seu ser.

À luz da experiência de Deus, sua religião e seus atos religiosos tornam-se crescentemente expressões de ligação profunda de amor, de relacionamento muito consciente com o Deus da vida.

Por isso mesmo, sua religião torna-se luz iluminadora do verdadeiro sentido da vida humana e, ao mesmo tempo, fonte jorrante da vida vivida cada dia, a cada momento. A vida cristã é um "*estilo de viver*", um "*modo de ser, de viver e de conviver*" que influi em todos os relacionamentos com Deus, consigo mesmo e com todos os irmãos. Quem forma e determina esse "*estilo e modo de viver*" é a força do Deus vivo que se comunica e se manifesta em sua vida vivida em religião.

7.2. VIDA COM O PAI

A experiência de Deus como Pai, ou seja, o conhecimento pessoal de Deus Pai, produz em você uma vida de relacionamento com Ele. Seu relacionamento com o Pai celeste torna-se uma forma de viver de filho com o Pai. A comunicação filho-Pai é vida comunicante.

Como é bela a vida de amor que existe entre um pai terreno e seu filho amado! Todos os seus mútuos relacionamentos concretos são movidos a amor. Esse amor influi muito no viver de ambos. Até determina formas de vida e relacionamento entre eles.

Assim é com o Pai celeste. Quando Ele se torna vivo e entra em seu coração de filho, quando você como filho passa a conhecer pessoalmente o Pai celeste e a descobrir nele toda riqueza e beleza de seu coração, acontece o amor. Amor Pai-filho, filho-Pai. Como é belo esse amor! Como são belas nas mútuas manifestações! Essas manifestações constituem o relacionamento religioso, os atos religiosos, as expressões concretas religiosas que exprimem sua ligação de filho com seu Pai.

A vida de amor com o Pai celeste influi decisivamente em seu modo de viver como filho. Seu estilo de vida de filho, seu modo de ser, de viver e conviver de filho, seu modo de pensar, de falar e de agir de filho, é muito influenciado ou até determinado pelas orientações do Pai. Porque é filho, sabe quanto o Pai o ama. Sabe que as orientações do Pai são verdadeiras e as melhores possíveis. Você passa a pautar sua vida, o máximo possível, segundo o coração do Pai.

7.3. VIDA COM JESUS

A experiência, o conhecimento íntimo e pessoal de Jesus vivo produz um relacionamento existencial importante entre você e Jesus. Esse relacionamento torna-se vida, um estilo de vida, um modo de ser e de viver, que influi e até determina sua forma de viver.

O modo de viver cristão, a forma como o cristão vê, encara e vive sua vida em todos os relacionamentos com Deus, consigo mesmo e com o próximo, é um tipo de viver apresentado, ensinado e incutido por Jesus. Esse modo, ou forma, ou estilo de vida apresentado por Jesus é diferente do modo de viver do ateu, do pagão, do budista, do espírita, do maçom, do testemunha de Jeová, do umbandista.

Seu relacionamento profundo com Jesus vivo o leva a conhecer, a admirar, a admitir e a assumir a forma de vida cristã ensinada por Ele. Porque você conhece Jesus, experimenta seu amor, seu poder, sua misericórdia e sua bondade, seu coração humano acolhe com alegria e ação de graças a forma de vida ensinada por Ele. Acolhe-a e passa a vivê-la como sendo a forma verdadeira, melhor e mais perfeita de vida. Você se torna discípulo do Divino Mestre, mestre da vida verdadeira.

Acolhida com alegria por causa da aceitação da pessoa de Jesus, sua forma de vida cristã influi beneficamente em todos os seus relacionamentos. Influi na vida pessoal íntima, na vida familiar, no matrimônio, no namoro, no trabalho, nos negócios, nas amizades, no lazer, no comer e beber, no encarar o passado, o presente e o futuro, em todas as práticas religiosas, enfim, em tudo.

O conhecimento íntimo de Jesus determina todo o estilo verdadeiro da vida cristã.

7.4. O ESPÍRITO, FONTE DA VIDA.

Na profissão de fé Niceno-constantinopolitana, renovada às vezes na missa dominical, proclama-se o Espírito Santo como "*fonte da vida*". É a especialidade do Espírito Santo: gerar vida, dar vida, alimentar a vida, fortalecê-la, desabrochá-la, amadurecê-la e eternizá-la. Não, porém, em primeiro lugar, a vida vegetativa e animal que reside no ser humano. Mas a vida humana total sobrenaturalizada, invadida pela vida divina. É o Espírito quem gera, desenvolve e amadurece a vida "*segundo o Espírito*", a vida espiritual, a vida cristã.

Seu relacionamento vivo e cultivado com o Espírito Santo torna-se, pois, a fonte de seu modo de viver, de seu estilo de vida cristã. Ao mesmo tempo, sua comunhão com o Espírito Santo produz mais vida, todos os dias.

A vida interior gerada, alimentada e amadurecida pelo Espírito Santo em seu coração traduz-se e transborda em vivência concreta em todos os seus relacionamentos, quer pessoais, quer familiares, quer profissionais, religiosos ou outros informais. É o Espírito quem ilumina a veracidade e a beleza da vida cristã e, ao mesmo tempo, dá a graça para abraçá-la e vivê-la na fidelidade.

7.5. VIDA COM MARIA, COM OS SANTOS E ANJOS

A experiência de Deus, a vida com o Pai, com Jesus e com o Espírito Santo é que dá sentido pleno e verdadeiro a seu relacionamento existencial com Maria, com os Santos e os Anjos de Deus.

É à luz da experiência do Deus vivo que você pode conhecer, avaliar e admirar toda a grande obra realizada pelas pessoas divinas na vida de Maria, dos Santos e dos Anjos. Ao mesmo tempo, é a experiência de Deus que ensina a colocá-los em seu devido lugar. Não como deusas e deuses, com existência e poderes paralelos aos do Deus único e verdadeiro. Nem como competidores de Deus. Mas sim como criaturas de Deus, criadas, remidas e santificadas pelo amor, poder, graça e misericórdia do Deus vivo, Uno e Trino.

O conhecimento da vida, da fé, da caridade, das virtudes, da santidade e das obras de Maria, dos Santos e Anjos produz em você uma grande admiração por Deus. Tudo é obra dele, neles. Simultaneamente, o exemplo deles é uma luz vigorosa e um estímulo para você imitá-los, quer na fidelidade ao Deus vivo, quer na santidade de vida, quer na generosidade das boas obras. Seu coração vai raciocinar assim: "Se Deus realizou maravilhas neles, pode realizá-las também em mim". "Se eles puderam ser fiéis ao Deus vivo, eu também o posso!... Se eles o conseguiram, eu também posso consegui-lo!"...

Seu relacionamento com Maria, com os Santos e Anjos torna-se, assim, fonte e inspiração de sua vida cristã.

7.6. VIDA COM OS IRMÃOS NO ESPÍRITO

À luz da experiência da paternidade do Pai celeste e de sua filiação pessoal é que você encontra o verdadeiro significado da vida fraterna, da vida de irmãos. Fraternidade que não vem dos laços de sangue, mas dos laços do espírito.

Porque Deus é meu Pai, é seu Pai, é nosso Pai, somos todos irmãos. Todos muito amados e queridos pelo coração do Pai, que quer fazer da humanidade uma "fraternidade", um planeta-terra habitado por irmãos.

Somente a experiência de Deus cultivada especificamente será capaz de convencer seu coração de que "somos todos irmãos porque temos um mesmo Pai". Que seja possível e funcione, nós o sabemos pela observação de milhares e milhares de Santos que gastaram suas vidas inteiramente, realizando obras impressionantes em favor dos seus "*irmãos, filhos do mesmo Pai*".

A experiência de fraternidade produz muita vida. Vida que se traduz em amizade fraterna verdadeira, em desejo de auxiliar, de socorrer, de promover, de salvar e santificar. Com gestos concretos de amor fraterno de toda espécie.

7.7. VIDA NO MATRIMÔNIO E FAMÍLIA

Sua experiência do Deus vivo e seu relacionamento com o Pai, com Jesus vivo e com o Espírito Santo dão o verdadeiro e profundo sentido à sua vida matrimonial e familiar. Vivida com Deus, sua vida matrimonial e familiar torna-se mais vida de amor, de respeito, de promoção, de fidelidade. Torna-se mais carinhosa, por causa do amor de Deus experimentado no lar.

À luz de Deus, o casal vive melhor e mais intensamente a santidade de seu matrimônio. Cultiva muito mais o amor, perdoa sempre de novo, promove a felicidade do cônjuge, permanece fiel, não admite formas desnaturadas e aberrantes de manifestações carnais.

À luz de Deus, a família valoriza muito mais o dom da vida, acolhe com alegria a vida que vem em mais filhos. Preserva a vida existente contra tantos ataques. Cultiva-a e promove-a, como dom maior concedido por Deus.

Na experiência de Deus, a família torna-se "igreja doméstica" para viver a vida cristã de forma privilegiada, e se abre em missão para prestar toda sorte de serviços e benefícios a outras famílias.

7.8. VIDA NO APOSTOLADO

Na experiência do Deus vivo e salvador, seu trabalho apostólico, sua missão cristã apostólica torna-se um transbordamento da vida vivida com Deus. Nasce o desejo ardente e o esforço alegre para levar ao coração do irmão o Deus vivo encontrado e experienciado pessoalmente, com toda riqueza que Ele traz consigo.

A força interior que sempre move os apóstolos da Igreja em sua missão é o grande amor de Deus palpitante em seus corações. Em outras palavras, a força dos apóstolos sempre é a experiência do Deus vivo. A melhor força apostólica sempre brota da vida com Deus, da vida interior, no Espírito. Nunca de ideologias, sociologias, teorias políticas ou filosofias.

O vigor apostólico que nasce da experiência de Deus gera vida, muita vida, nos que são atingidos pelo apostolado. O vigor apostólico:

— Gera, nos irmãos, vida cristã plena, vida divina, vida eterna.

— Defende a vida humana contra todos os ataques: aborto, pena de morte, assassinatos, falsas eutanásias.

— Defende a vida contra a fome, as doenças, o excesso de trabalho, os vícios, favorecendo a alimentação, o socorro médico, a promoção humana, a educação básica.

— Promove a vida por meio de todas as boas e múltiplas iniciativas possíveis.

Porque o Deus vivo é vida e doador de vida, trabalhar para esse Deus é trabalhar, antes de tudo, em favor da vida, em todos os seus níveis.

7.9. VIDA NOS SACRAMENTOS

A experiência do Deus vivo o faz redescobrir os sacramentos como sete grandes fontes de vida e vitalidade. À luz do Deus vivo, os sacramentos deixam de ser apenas "*ritos vazios, cerimônias estranhas, atos religiosos meio mágicos, práticas que devem ser feitas porque é tradição familiar, ou porque dizem que é bom*". À luz do Deus vivo, os sacramentos tornam-se um encontro profundo com Jesus ressuscitado. Encontro que sempre gera, alimenta, fortalece, reanima ou restaura a vida. Pelos sacramentos a vida humana é invadida pela vida divina.

A descoberta da riqueza dos sacramentos e sua busca consciente faz nascer a "*vida sacramental*" — a vida que jorra do coração de Deus para o ser humano, por meio dos grandes canais dos sacramentos. Quem é consciente e busca os sacramentos está buscando exatamente a vida. O início da vida, no Batismo. Vida mais plena, na Confirmação. Restauração da vida com Deus e com os irmãos, na Confissão. Realimentação sempre necessária da vida na Eucaristia-Comunhão. Vida mais longa e recuperação da vida-saúde, na Unção dos Enfermos. Reprodução da vida, no Matrimônio. Fonte, alimentação e preservação polivalente da vida, na Ordem.

Os sacramentos são pontos fortes e eficazes de contato entre o Deus da vida e o ser humano, tão precisado de todas as formas de vida existentes nele. Nesse contato, a vida de Deus passa para o ser humano.

7.10. BÍBLIA, FONTE DE VIDA

Na experiência de Deus a Bíblia torna-se, de fato, palavra viva de Deus. O Deus vivo é quem fala por ela. Aliás, toda a vida existente no cosmos foi gerada pela "*Palavra*" única do Pai. Deus Pai, princípio de toda a vida existente fora dele mesmo, pronunciou, "*gerou*" uma única "*Palavra*": o *Verbum*, o *Logos*, que é seu Filho. Por meio dessa "*Palavra-Filho*", do "*Verbum-Filho*", do "*Logos-Filho*", o Pai criou todas as coisas, todas as formas de vida.

A Bíblia toda, tudo o que nela está escrito, é uma tentativa de revelar, apresentar, oferecer, tocar os corações para receber a única "*Palavra do Pai*" que é Jesus. Aliás, Ele mesmo disse: "Eu sou a vida" (Jo 14,6).

A Bíblia, pois, é fonte de vida, porque é Palavra de Deus; do Deus vivo que anuncia a vida verdadeira, que a oferece gratuitamente, que a gera no coração, a alimenta e a amadurece, que a cura na enfermidade, que a plenifica e, um dia, a eterniza de forma definitiva.

Os que lêem a Bíblia, os que a meditam, contemplam, oram com ela, todos se abeberam de vida e encontram o verdadeiro sentido de todas as espécies de vida: vegetal, animal, humana, angélica e divina.

De forma particular, a Bíblia é fonte de vida cristã. É mestra sábia, pedagoga ungida de sabedoria de vida cristã. É formadora do estilo cristão de ser, de viver e de agir.

7.11. ORAÇÃO É VIDA

Sua experiência de Deus, seu conhecimento pessoal e experiencial do Pai, de Jesus vivo e do Espírito Santo fazem de sua oração uma forma de relacionamento pessoal e existencial com o Deus vivo.

Sem experiência de Deus, sem a presença do Deus vivo, a oração pode parecer e permanecer como "*uma coisa*" que se lê ou declama, como uma "*reza ou récita*" de fundo religioso, meio mágica, para produzir certos efeitos buscados. Ou ainda como uma obrigação, dever a cumprir, dívida que se tem com o Ser superior.

Quando, pela efusão do Espírito, Deus se torna vivo e comunicante, seu coração encontra o melhor "*meio de comunicação*", a "*linha telefônica*" mais aberta e privativa, ou, melhor ainda, a melhor forma de encontrar-se pessoalmente com o Deus vivo: a oração. A oração torna-se para você, necessariamente, um "relacionamento" pessoal, íntimo e existencial com Deus.

Por tornar-se relacionamento, sua oração torna-se expressão e fonte de vida. Expressão de sua vida humana, de seu viver de cada dia. Expressão de todo seu viver gozoso ou doloroso, levado diante do Deus vivo e partilhado com Ele. Sua oração torna-se, também, fonte jorrante da vida de Deus que transborda para dentro de seu coração.

Quando alguém se relaciona verdadeiramente com o Deus Uno e com cada uma das pessoas divinas, sua vida se transforma. É impossível alguém ter comunicação profunda com o Deus vivo e não ser transformado.

Sua oração pessoal e comunitária, bem como as celebrações de que participa, tornam-se momentos fortes de relacionamento com o Deus vivo. Exprimem sua vida vivida e a alimentam sempre mais.

7.12. ASCESE É MAIS VIDA

É a experiência de Deus que dá sentido pleno à ascese cristã. É fácil de compreender. Ao conhecer o Deus vivo por experiência, seu coração descobre de imediato seu infinito, gratuito e incondicional amor e, atraído por esse amor, quer lançar-se para Deus, para estar com Ele, viver plenamente nele. Você sente que é nele que encontra a verdadeira felicidade. Mas percebe que há barreiras, forças contrárias, chamamentos fortes contrários à vida com Deus. Diante do "querer voltar-se todo para Deus" e do "encontrar dificuldades", seu coração decide entrar num esforço consciente e assumido de transpor as barreiras, de vencer as forças contrárias e contradizer os chamados que distraem de Deus. Para essa luta, encontra no arsenal divino que é a ascese cristã armas poderosas abençoadas por Deus: jejuns, penitências, abstinências, renúncias, esmolas, serviços caridosos, obras de misericórdia etc.

Sua ascese exprime o desejo de seu coração de buscar mais vida, vida melhor, vida mais sadia e santa. Portanto, o sentido de sua ascese está exatamente em ser fonte poderosa de força para vencer o que impede a melhor comunhão com o Deus da vida. E, ao mesmo tempo, em ser fonte de graças e bênçãos de toda sorte para você poder viver, em maior plenitude, a vida que Jesus veio trazer, e quer que a viva em abundância.

7.13. RENOVAÇÃO E VIDA

Porque é renovação da vida cristã — e não apenas de algumas práticas exóticas —, a Renovação Carismática só pode ter como fundamento e coração a experiência de Deus. Se não for capaz de iniciar, conduzir, aperfeiçoar e amadurecer a experiência do Deus vivo, ela jamais será "Renovação"; não cumprirá seu chamado de renovar a vida cristã em todos os níveis.

Sem experiência de Deus vivenciada, o efeito do trabalho da Renovação será parecido com uma caiação: uma pinturinha superficial, até bonita, mas feita de cal. Às primeiras intempéries, irá desbotar, ficar lavada, não sobrará nada.

Porque a Renovação tem como missão renovar a vida cristã em todos os seus níveis, quando ela consegue atingir seu objetivo a vida explode nos corações, nas famílias, nas comunidades, nas paróquias, em toda parte.

Onde a Renovação alcança realizar sua missão, a começar pela experiência do Deus vivo no coração, os frutos são maravilhosos. Frutos de santidade, de vida plena, e de apostolado muito fecundo. *"Eu vim para que as ovelhas tenham vida, e a tenham em abundância"* (Jo 10,10).

CAPÍTULO OITO

A EXPERIÊNCIA DE DEUS E A ORAÇÃO DE LOUVOR

A experiência de Deus e a oração de louvor caminham de mãos dadas. Quem convive com o Deus vivo, conhecido por experiência, sente-se naturalmente impulsionado. Sente-se impelido a louvá-lo, por descobrir sempre mais como Ele é maravilhoso, e quão grandes são suas obras. Quem proclama os louvores do Deus vivo, manifesta pelo próprio louvor sua experiência de Deus e, ao mesmo tempo, cresce nela. É tão lindo perceber essa realidade: quem conhece o Deus vivo por experiência, o louva. E quem o louva cresce ainda mais em sua experiência. Forma-se, assim, o círculo virtuoso: quanto mais experiências do Deus vivo, maior o louvor. E, quanto mais se louva, maior a consciência da experiência de Deus.

O que é oração de louvor? Em que consiste louvar? Em português você tem um sinônimo do verbo "louvar" que muito ajuda na compreensão do que seja o louvor, do que significa louvar a Deus. Louvar é "*elogiar*"; é fazer elogios. Louvar é elogiar alguém por alguma qualidade, virtude, obra ou realização que desperta em você admiração e, ao mesmo tempo, impulsiona a manifestar-lhe sua admiração, aplauso e elogio.

Louvar é, portanto, você fazer elogios ao Deus vivo por algo que nele lhe causa admiração, encantamento ou maravilhamento. Como se percebe, o louvor é uma atitude muito simples. Oração de louvor é aquela pela qual você faz elogios a Deus.

8.1. AS TRÊS GRANDES DIREÇÕES DO LOUVOR

Você pode sintetizar todos os possíveis motivos de louvar a Deus em três grandes direções: louvar a Deus por aquilo que Ele é; louvá-lo por aquilo que fez ou faz; e louvá-lo por aquilo que lhe fez ou lhe faz.

8.1.1. LOUVAR A DEUS POR AQUILO QUE ELE É

Consiste em você olhar para Deus, contemplá-lo, interpenetrá-lo, perceber toda sua grandeza, seus atributos, suas qualidades e virtudes e, maravilhado, fazer elogios. Elogiá-lo por ser Deus, por ser Trindade, por ser santo, sábio, perfeito, belo, feliz, misericordioso, onipresente, poderoso, imenso, excelso, amoroso, delicado, fiel, bom, Pai, salvador, santificador. Este tipo de elogio é o mais perfeito e o que mais agrada o coração de Deus, pois tem como motivação seu próprio ser, a sua interioridade.

Pergunte-se, prezado leitor, o que mais comove seu coração: um elogio, um louvor, recebido porque você é bom, honesto, fiel e consciencioso, ou um elogio recebido porque você plantou uma árvore, porque varreu bem a casa, fez uma boa ação, realizou um belo trabalho? É evidente que o primeiro elogio, recebido por aquilo que você é, o toca muito mais, pois atinge seu coração. É exatamente assim que ocorre com Deus. Os louvores proclamados por aquilo que Ele é o agradam e comovem muito mais.

Na experiência de Deus, você descobre e experiencia as maravilhosas qualidades de nosso Deus. Fica encantado e sente necessidade de proclamar seus louvores, de elogiá-lo de todo o coração.

8.1.2. LOUVAR A DEUS POR AQUILO QUE ELE FEZ OU FAZ

Consiste em louvá-lo por sua criação toda: pela terra, plantas, flores, aves de toda espécie, animais, rios, fontes, vales, montes e colinas, sol e chuva, frio e calor; pelas estações do ano, pelos mares e o que neles existe; pelo telefone, rádio, televisão, aparelho de som, microondas; pelo carro, bicicleta, avião, trem, ônibus, metrô; pelo homem e pela mulher; pelos alimentos todos, pelo vestuário, pela casa com tudo o que ela contém, enfim, por toda a maravilhosa criação de Deus. São milhões de criaturas que retratam toda grandeza, sabedoria, criatividade e inteligência divinas. Por todas, Ele merece ser muito elogiado. Eis a oração de louvor.

Na experiência de Deus, você percebe que tudo o que Ele criou, o fez por amor ao ser humano. O coração, maravilhado diante dessa criação fantástica, não pode calar: louva, proclama os louvores de Deus.

8.1.3. LOUVAR A DEUS POR AQUILO QUE LHE FEZ OU LHE FAZ

Consiste em você elogiá-lo pelo dom da vida, por toda perfeição física. Pelo seu espírito com toda sua grandeza e riqueza. Por seu psíquico com todos os seus segredos, grandezas e surpresas. Por seu emocional com todos os seus segredos e importância. Por seu físico todo: olhos perfeitos, ouvidos, boca e fala, olfato, coração e aparelho circulatório; pela importância e saúde de seus aparelhos digestivo, respiratório, urinário, ósseo, nervoso e sexual; por suas capacidades mentais: inteligência, memória, vontade, imaginação e fantasia, capacidade de raciocinar, de desejar, de decidir. Por seu pai e sua mãe, pelo cônjuge, pelos filhos, genros, noras, netos, sogros e parentes todos. Por uma graça recebida, por um filho ou neto que nasce, pela saúde recuperada por meio da medicina.

Ao viver a experiência de Deus, você entende que tudo é dom de Deus, tudo é prova de Seu amor, delicadeza divina. Diante dessa compreensão, o coração sente necessidade de elogiar, de proclamar os louvores de Deus, de publicar as maravilhas divinas.

8.2. LOUVAR A CADA UMA DAS PESSOAS DIVINAS

Nosso Deus é amor. Por isso é Trindade. Três pessoas realmente distintas. Com uma personalidade própria, um modo de ser e de agir próprios. Com manifestações personalizadas. Sem deixar de ser Um, é Trindade.

Você pode, portanto, dirigir sua oração de louvor, fazer seus melhores elogios a cada uma das pessoas separadamente. Assim como na experiência de Deus você pode conhecer pessoalmente cada uma das pessoas divinas, assim também seu louvor pode dirigir-se a cada uma das pessoas da Trindade, separadamente.

8.2.1. LOUVAR AO PAI

Deus é Pai. Ao Pai você atribui a divindade, a paternidade e a criação de todas as coisas. Foi ele quem enviou seu Filho para ser o nosso salvador. É dele que procede o Espírito Santo.

Você pode louvá-lo por ser Deus. Como Deus, pode elogiá-lo por todos os seus atributos divinos: por ser onipotente, onipresente, sábio, bom, misericordioso, santo, fiel, amoroso, paciente, providente, criador, justo, feliz, perfeito, belo, artista, criativo.

Pode elogiá-lo por ser Pai. Como Pai, por lhe ter dado a vida, com todas as qualidades naturais e sobrenaturais que possui; por ter um plano de amor a seu respeito; por cuidar de você com cuidados de Pai. Pode louvá-lo por sua criação, isto é, por todas as maravilhas que existem dentro de seu ser: seu espírito, psíquico, emocional e físico. Enfim há mil razões para louvá-lo.

Pode elogiá-lo por aquilo que ele é como criador. Por aquilo que ele fez ou faz, bem como por aquilo que lhe fez ou lhe faz. Pode louvá-lo como criador de todas as coisas: dos Anjos e Santos, do universo com todos os astros, do planeta terra com suas mil maravilhas.

8.2.2. LOUVAR AO FILHO-JESUS

Pode elogiá-lo por aquilo que Ele é, por aquilo que fez ou faz, por aquilo que lhe fez ou lhe faz. Ao Filho-Jesus atribui-se a redenção e a salvação. Você pode elogiá-lo muito por ter aceito encarnar-se para ser seu salvador; elogiá-lo por sua concepção por obra do Espírito; por ter querido viver numa família humilde e santa; por sua vida oculta e de trabalho; por toda sua pregação e, nela, por todos os milagres, parábolas e exemplos maravilhosos de vida; por sua paixão e morte; por sua vitoriosa ressurreição e ascensão; pela fundação da Igreja para continuar a obra da salvação. Por toda riqueza deixada por meio da Igreja: os sacramentos, a hierarquia, os evangelhos, a liturgia etc.

Pode elogiá-lo por sua redenção pessoal que está em curso: por seu Batismo, Crisma, Eucaristias vividas; pelo perdão recebido de seus pecados; pelas libertações e curas espirituais, psicológicas, emocionais e físicas já ocorridas; por outros sacramentos já recebidos.

Pode louvá-lo por ter-lhe dado o Pai celeste, pelo Espírito que enviou a seu coração, por Maria que lhe foi dada como mãe.

Você tem sempre novas razões de louvá-lo, pois Jesus não cessa de agir em seu favor, de muitas formas diversas. Você o sabe, pois o tem experimentado em sua vida.

8.2.3. LOUVAR AO ESPÍRITO SANTO

Pode elogiá-lo por aquilo que Ele é, por aquilo que fez ou faz, e por aquilo que lhe fez ou lhe faz.

Ao Espírito Santo atribui-se a santificação da Igreja e de cada um de seus membros. Toda santidade existente nos Anjos e Santos do céu, nas almas do purgatório e nos seres humanos é obra maravilhosa dele.

Você pode elogiá-lo por ser Deus. Como Deus, por ser santíssimo, poderoso, bom, misericordioso, fiel, sábio, iluminador, advogado. Na verdade, como Deus, o Espírito Santo tem os mesmos atributos do Pai e do Filho e, por isto, merece a mesma honra e glória, louvor e exaltação.

Como santificador, você pode elogiá-lo pela santidade que realizou em Jesus, enquanto homem; em Maria e José; nos muitos Santos do Antigo Testamento; em todos os Santos do Novo Testamento; nos apóstolos e discípulos da Igreja primitiva; em todos os papas, bispos, sacerdotes e religiosos, nestes dois mil anos de Igreja.

Pode louvá-lo por suas manifestações em sua vida pessoal. Por todas as mil inspirações e moções que lhe tem dado; pela experiência dos carismas em seu apostolado etc.

8.3. O LOUVOR NA BÍBLIA

A Bíblia está repleta de louvores a Deus; repleta de grandes hinos de exaltação e proclamação das grandezas divinas. A Bíblia está repleta de grandes louvores exatamente porque todos os grandes personagens bíblicos foram pessoas de grande e profunda experiência de Deus. Todos, sem exceção. Os grandes personagens bíblicos, tanto os do Antigo como os do Novo Testamento, tiveram momentos fortíssimos de encontro e de experiência do Deus vivo. Suas vidas foram marcadas pela experiência forte e transformadora de Deus. Conheceram por experiência a grandeza, o poder, a fidelidade, o perdão, a misericórdia, a bondade, a providência, os milagres e prodígios; enfim, conheceram por experiência pessoal como é o Deus vivo. Cada um de forma muito pessoal e até singular, mas todos viveram experiências profundas de Deus e, fascinados, proclamaram as maravilhas divinas.

Lembre-se da vida, da história e das ações de Abraão, Isaac, de Jacó e seus filhos; de José do Egito, de Moisés, de Aarão, de Josué, dos profetas todos, de Ruth e tantos outros do Antigo Testamento. Recorde, ainda, de Maria e José; de João Batista e seus pais, Isabel e Zacarias; dos apóstolos e discípulos, ao verem os milagres de Jesus e conviverem com Ele; de Madalena ao ser liberta de sete demônios; de Bartimeu ao recuperar a vista; de Marta e Maria ao verem Lázaro sair da sepultura ressuscitado; dos convidados das bodas de Caná, ao verem a água tornada vinho da melhor qualidade; dos apóstolos e discípulos, após Pentecostes, quando os milagres se sucediam em todos os lugares; de Paulo e seus companheiros de pregação. Todos, enfim, viveram intensas experiências de Deus.

Repito. "Todos" os grandes personagens bíblicos foram pessoas de grandes, profundas e transformadoras experiências de Deus. Exatamente por isto, foram grandes personagens de louvação, de glorificação, de exaltação das grandezas divinas, pessoas de grandes orações de louvor. Basta reler a Bíblia nesta ótica para perceber essa verdade. Lembro apenas alguns exemplos: os grandes hinos de louvor de Moisés, dos profetas, dos salmistas todos, de Ana, de Zacarias, de Maria, de Paulo em suas cartas, de João no Apocalipse. Aliás, grande parte dos 150 salmos são ou hinos de louvor, ou motivações para louvar, ou convites e exortações ao louvor de Deus. O "*Magnificat*", grande hino de louvor de Maria, bem como o "*Benedictus*", hino de louvor de Zacarias, são proclamados ou cantados quatrocentas a quinhentas mil vezes por dia, pelos séculos afora, sem cessar, no mundo inteiro. Esses dois hinos foram proclamados num momento extraordinário de experiência de Deus, tanto por Maria como por Zacarias.

Quis mostrar-lhe com exemplos e acontecimentos bíblicos que a experiência de Deus e a oração de louvor andam de mãos dadas. Quem vive a experiência de Deus é impulsionado por seu coração a proclamar os seus louvores. E quem vive o louvor à grandeza de Deus cresce em sua experiência divina.

8.4. O LOUVOR NA RENOVAÇÃO

O louvor e a experiência de Deus caminham de mãos dadas, um promovendo o outro. Quando você vive experiências de Deus, sente-se impulsionado a louvá-lo. Quanto mais o louva, tanto mais experiências surgem e são vividas.

É exatamente essa dinâmica existente entre experiência de Deus e oração de louvor que ocorre como graça muito importante na Renovação Carismática. Porque a experiência de Deus é "o *fundamento e a fonte*" da vida carismática, a oração de louvor está necessariamente muito presente. Poderíamos sintetizar dizendo: na Renovação Carismática a experiência de

Deus é uma graça muito forte, muito presente e transformadora porque muito se louva. E muito se louva porque Deus se faz experimentar de forma muito freqüente, forte e poderosa. A experiência de Deus impulsiona ao louvor, e o louvor dinamiza a experiência de Deus.

Não é por acaso que um dos primeiros ensinos e treinamentos que se fazem com novos participantes da Renovação é a oração de louvor. Faz-se porque, quando a pessoa começa a louvar, seu coração se abre para experimentar a presença, a ação e a graça divina. Isto é, começa a caminhar na experiência do Deus vivo.

Não é por acaso, também, que quando se faz iniciação para novos participantes, por meio de seminários de vida ou de experiências de oração, começa-se falando sobre o amor de Deus, ou seja, como experimentar o amor do Deus vivo: do Pai, de Jesus vivo como salvador e senhor, bem como do Espírito Santo. Age-se assim a fim de introduzir as pessoas no relacionamento pessoal com o Deus vivo; na experiência de Deus. Mesmo que não se usem esses termos explicitamente, é essa verdade-graça que se procura fazer acontecer na iniciação à Renovação.

Não é por acaso que o louvor falado e cantado, em português e em línguas, sempre ocupa um tempo bem longo nas reuniões de oração da Renovação Carismática. É porque as pessoas vivem sempre novas experiências de Deus e têm necessidade de proclamar as maravilhas realizadas pelo Deus vivo e experimentável. Se alguém prestar atenção, perceberá que no bojo do louvor muitíssimas vezes vem o testemunho, a revelação de novas graças, de novas bênçãos, portanto de novas experiências de Deus. Sem que as pessoas percebam, são confirmadas na experiência de Deus, cresce nelas a certeza do Deus vivo que se manifesta, e os corações se convertem sempre mais.

Também não é por acaso que nas boas e criativas reuniões carismáticas há um momento para as pessoas testemunharem novas graças, novas bênçãos recebidas. Ou seja, para testemunhar novas experiências de Deus, vividas nos dias passados. E em geral, terminado o testemunho, o grupo todo prorrompe num grande louvor a Deus pela manifestação testemunhada, porque as maravilhas tocam, impressionam, e o coração é impulsionado a louvar. Tudo isso, aliás, clarifica, instrui e aprofunda a experiência de Deus dos presentes.

A prática constante do louvor leva ao crescimento constante da experiência de Deus. A vivência da experiência de Deus leva à necessidade da oração de louvor.

Se você deseja aprender a louvar ao Deus vivo e a crescer em sua capacidade de louvação, pode recorrer a bons livros existentes que falam do louvor, ensinam a louvar. Em meu livro *Saiba participar de grupos carismáticos* há uma parte dedicada à oração de louvor. *O poder do louvor, O louvor que liberta, O louvor em ação,* são livros que podem ajudar na compreensão e motivação ao louvor.

É louvando que se aprende a louvar. Experimente agora mesmo a fazer elogios a seu Deus vivo, por aquilo que ele é, por aquilo que fez e faz, e por aquilo que já lhe fez ou lhe faz. É muito fácil e gratificante louvar a nosso Deus.

CAPÍTULO NOVE

REMOVER OBSTÁCULOS À EXPERIÊNCIA DE DEUS

A grande graça da experiência de Deus, do conhecimento pessoal do Deus vivo, bem como de cada uma das pessoas divinas, pode encontrar barreiras, obstáculos de diversas espécies. É preciso detectar essas barreiras, identificar os obstáculos para removê-los prontamente. Não removidos, haverá dificuldades significativas. A experiência de Deus pode ficar estacionada, ou até ser totalmente eliminada.

São muitos os possíveis obstáculos. Sendo impossível enumerá-los a todos, aponto alguns mais freqüentes e comuns. A partir desses, auxiliados pelo dom do discernimento dos espíritos, podem-se descobrir outros.

Há obstáculos de origem formativa, isto é, do tipo de formação doutrinal recebida. Há outros de origem de vida cristã tradicional. Há os de origem espiritual, e ainda os de fundo psicoemocional.

9.1. BARREIRAS DE FORMAÇÃO

O tipo ou qualidade de formação da consciência religiosa pode trazer, em si, obstáculos ou barreiras à experiência de Deus. Uma formação religiosa que não privilegia uma evangelização querigmática como forma de levar a pessoa a conhecer pessoalmente o Deus vivo, e a relacionar-se com Ele, pode levar a uma formação deficiente ou errada da vida de fé.

9.1.1. O RACIONALISMO

Em muitas escolas de teologia da Igreja do Ocidente, que formam sacerdotes e diáconos permanentes e nas quais estudam também religiosos e leigos, penetrou um lamentável racionalismo intelectualista. O racionalismo desapercebidamente reduz a grandeza, o poder e as possibilidades divinas à pequenez da capacidade e das possibilidades da razão humana. Os racionalistas querem explicar tudo com a razão humana. Aquelas maravilhas operadas por Deus no Antigo Testamento, bem como grande parte dos milagres de Jesus, parecem ser inverossímeis ou impossíveis a essas cabeças racionalistas. Aquilo que não cabe em suas capacidades limitadas, em suas pequenas cabeças racionalizantes, "*decidem eles, com autoridade própria, e ensinam,*" que "*nem Deus faz, que é preciso entender esses fatos de outra forma, que não se pode andar pelo fundamentalismo*". Quanto mal tem feito o racionalismo na Igreja de nossos dias. Mal aos próprios racionalistas, aos alunos incautos, ou aos "*buscadores de novidades*" que bebem sem discernimento tais ensinos.

O racionalismo, muito presente em sacerdotes e religiosos que passam por essas escolas, gera aquilo que Heribert Mühlen chama de "*uma espécie de racionalismo ascético com o qual vivem a própria fé, ou de indiferentismo que chega aos limites da negação prática de Deus e do sobrenatural". Esse racionalismo "leva a pôr em discussão o próprio Deus: muitas vezes vivem como se Deus não existisse. No centro de seu ser e em seu coração tornam-se ateus práticos*" (Em "Fé cristã renovada" (cf. Novo dic. Esp., p. 125).

O racionalismo torna o coração insensível à experiência de Deus. Os olhos do coração ficam cegos; os ouvidos, surdos, os sentidos anestesiados, e as pessoas não conseguem ir além das aparências e perscrutar o dedo de Deus manifestando-se. Sua fé racional não transfigura os acontecimentos para poder perceber as experiências de Deus. Nada mais as toca. Nada impressiona. Tais pessoas têm um deus teórico, uma religião da cabeça, mas seu coração é ateu. Na verdade, seu deus parece ser bem menor do que sua razão, ou no máximo, do mesmo tamanho. Reduzem o poder de Deus à pequenez de sua mente humana. De fato, um deus pequeno, tão pequeno como o ser humano, nada ou quase nada pode fazer...

Como remover a barreira do racionalismo? É complicado, muito complicado. Só uma graça iluminadora de Deus para fazê-las perceber sua treva, sua cegueira, sua pequenez, seu grande engano, e às vezes seu enorme orgulho racional. Só muita oração profunda pode mudar suas cabeças e corações. Mas elas não rezam de verdade, pois não crêem... pois Deus não faz... não intervém na vida humana. São necessárias muitas orações de outros para que Deus as ilumine e socorra. Às vezes, o toque da graça só vem a elas por meio de sofrimentos.

9.1.2. O PSICOLOGISMO

Com a ampla difusão da parapsicologia e o encantamento que ela produz nas pessoas ao mostrar-lhes os grandes poderes presentes no psiquismo humano, muitos entram por esse caminho. Inclusive sacerdotes e religiosos. O psicologismo reduz praticamente todas as manifestações divinas no ser humano a fenômenos meramente parapsicológicos. Prodígios, milagres, experiências místicas e experiências de Deus normais e freqüentes são reduzidas a meros fenômenos do psiquismo.

Teoricamente falam de Deus, de seus poderes e maravilhas, mas na prática Ele fica excluído. Eis o raciocínio: para que recorrer a Deus, se Ele me concedeu um psiquismo todo-poderoso? Por que esperar alguma coisa de Deus? Por que lhe atribuir aquilo que é produto da mente todo-poderosa?

O psicologismo gera uma enorme barreira à verdadeira experiência de Deus, principalmente à experiência mística de Deus. Cria uma auto-suficiência mental que O substitui. Cria um olhar recurvado para baixo, sobre a própria pessoa, a qual presume ser onipotente, com contornos nítidos do mais refinado orgulho, que exclui a Deus e nega suas manifestações.

Remover a barreira do psicologismo não é fácil. Só por graça de Deus. Não é fácil por causa da auto-suficiência que se cria na mente dessas pessoas. "*Aos orgulhosos Deus resiste com sua graça*" (cf. Tg 4,6). Mas a oração sobe até o todo-poderoso. Ele, por misericórdia, pode iluminar o coração dessas pessoas para fazê-las perceber a verdade de todas as coisas; inclusive, a verdade de sua pequenez diante da grandeza divina, e a verdade das manifestações divinas na vida de seus filhos.

9.2. BARREIRAS DE TRADIÇÃO RELIGIOSA

A forma como a prática religiosa católica vem vindo de séculos não favorece a experiência de Deus. Ao contrário, dificulta-a.

As celebrações litúrgicas são ainda muito frias, racionais, estereotipadas, com pouca possibilidade de os participantes expandirem seus corações, sua interioridade, suas manifestações espontâneas, de viverem momentos fortes de interiorização. Todas as celebrações dos sacramentos são ainda envolvidas por um ritualismo formal que não atinge o profundo dos participantes. As pregações são muito racionais, explicitativas, e muito pouco anunciativas e evangelizadoras.

Criou-se, desse modo, no católico ainda praticante, uma forma de prática religiosa muito fria, sem envolvimento mais profundo com o Deus vivo, e sem muito reflexo na própria vida pessoal. É um pouco assim: "*crê com a cabeça, mas é ateu do coração. Diz crer, mas vive como se não cresse*". O católico não espera, normalmente, que Deus se manifeste. Não foi formado para isso. Não há um verdadeiro relacionamento com o Deus vivo e, por isto, a experiência de Deus não tem lugar.

Para reverter essa situação é preciso uma forte evangelização querigmática para provocar um encontro profundo com o Deus vivo. É preciso inaugurar uma nova forma de expressão religiosa, em que o coração, a interioridade da pessoa participe vivamente. Faz-se necessário reeducar a pessoa para um relacionamento mais pessoal com Deus, aberto às manifestações de Deus no dia-a-dia da vida cristã. Realizar, pois, uma educação para a experiência de Deus.

9.3. BARREIRAS DE ORIGEM ESPIRITUAL

Há outras barreiras à experiência de Deus que procedem de falhas na própria formação espiritual da pessoa.

9.3.1. IMAGEM NEGATIVA DE DEUS

Em sua formação religiosa, algumas pessoas receberam informações distorcidas que criaram uma imagem negativa de Deus. Não foram formadas para ter uma idéia de Deus como pai, como amor misericordioso; um Deus bom, que ama seus filhos e os quer felizes; que se comunica e toma iniciativas no amor. Foi-lhes passada uma idéia de um Deus distante, inatingível, severo; um Deus que com facilidade castiga os que erram, por menores que sejam os erros.

O que colaborou para criar uma imagem negativa de Deus foi o ensino religioso nas igrejas e nas escolas católicas bem como a pregação dominical que enfatizavam muito o aspecto negativo da fé cristã. Para convencer o católico a manter-se no caminho reto de Deus, ressaltava-se muito o castigo de Deus para o pecador.

Uma falsa idéia de Deus foi veiculada na infância, na meninice ou adolescência dentro da própria família católica. A mãe ou o pai, para provocar um bom comportamento, para convencer os filhos a não fazer algo errado, para motivar boas ações, sentenciavam: "*Filho, se você fizer isso, Deus vai castigá-lo*". "*Olhe, filho, que Deus está vendo e vai castigá-lo*". "*Se você não vai à Missa e à Comunhão, vai acabar no inferno.*" "*Você não sabe que é pecado?... Você vai pagar por isto. Deus vai castigá-lo".* Na ingênua boa vontade de educar no caminho do bem, os pais acabaram por criar uma imagem negativa de Deus.

Essa imagem negativa causa dificuldades à verdadeira experiência do Deus vivo. O coração que retém tais idéias não gosta de Deus. Portanto, esse coração prefere estar longe de Deus, prefere não se comprometer com Ele, ignorá-lo, ou até convencer-se de que Ele não existe. Tal realidade tem gerado muitos ateus do coração, anti-religiosos e anticlericais.

A solução está numa nova evangelização desses corações, levando-os a conhecer o Deus vivo, o Deus de amor, da misericórdia, da bondade, da paciência. O Deus que foi capaz de vir a nosso encontro, em Jesus, para nos salvar, libertar, curar, orientar. E não para condenar gratuitamente. Faz-se necessária toda uma reorientação da formação cristã

9.3.2. EXPERIÊNCIAS RELIGIOSAS NEGATIVAS

Há pessoas que guardam lembranças religiosas muito negativas, até traumas, por causa de acontecimentos dolorosos ligados a práticas religiosas frustrantes. Essas experiências criam sérias dificuldades à experiência de Deus.

— Alguém recebeu como castigo, por algum erro cometido, rezar um rosário de joelhos. A pessoa, por ter sido castigada, o fez com raiva, com mágoa e revolta. Esses sentimentos negativos envolvem não apenas o castigador, mas também o ato religioso. A pessoa pode passar a rejeitar o rosário e a ficar com mágoas de nossa Senhora ou de Deus.

— Outro teve de rezar dez vezes o Pai-nosso e a Ave-Maria, de joelhos, diante do sacrário, com os braços em cruz. Como foi por castigo, ele o fez profundamente contrariado, com raiva. Essa experiência pode ter gerado revolta contra a religião e contra Deus.

— Outro era obrigado a rezar o terço em família, de joelhos, em horário avançado da noite. Fazia-o muito a contragosto e, porque pegava no sono, acabava sendo repreendido.

Tal fato pode ter gerado revolta contra o ato religioso, com reflexos de desgosto contra Deus.

— Outro teve, talvez, alguma experiência dolorosa na primeira confissão, ou em confissões posteriores. Não foi bem atendido. Talvez tenha sido maltratado. Ficou marcado, traumatizado. Essa experiência dolorosa pode ter refletido de forma negativa em sua vida religiosa.

— Tantos outros, no colégio interno, ou no seminário, ou no juvenato, postulantado e noviciado, tiveram de participar de práticas religiosas diversas, em horários muito impróprios, em hora de muito calor, ou de manhã muito cedo, ou muito tarde da noite, quando havia forte indisposição física. E as práticas se repetiam todos os dias. Tais situações vividas podem ter criado uma repulsa psicológica àquelas práticas, uma aversão àqueles atos religiosos, ou até traumas profundos, gerando um estado interior avesso à religião e, por conseguinte, uma aversão a Deus.

— Outras pessoas, principalmente nos conventos, participam de diversos momentos de oração comunitária todos os dias. Há os que participam por dever a cumprir, porque é algo da comunidade a que não podem faltar, e sem motivação interior. Se esse tempo de oração é feito muitas vezes nessas condições adversas, pode criar um tipo de rotina, de frieza interior, que vai anestesiando cada dia mais o coração. A oração, em vez de impregnar o coração cada dia mais do amor de Deus, torna-o árido. Tais práticas podem chegar a ser odiosas ao coração, o que bloqueia inteiramente a experiência de Deus.

Poderia continuar a apontar outras realidades espirituais dolorosas, negativas, que criam barreiras, geram sérios obstáculos à experiência de Deus.

Não tire o leitor a conclusão de que, em face desses perigos, não se deva praticar religião, não se deva rezar o rosário, não se possam ter orações comunitárias diárias. O correto não é "*eliminar,*" "*não mais realizar práticas religiosas,*" ou "*fazer somente quando se tem vontade*". Não, não é esse o caminho. O caminho é avivar a fé por uma nova evangelização, e levar as pessoas a ter um relacionamento de amor com Deus. O caminho é realizar todos os atos religiosos com muito boa motivação de amor a Deus. Que o coração chegue a realizar esses atos com amor e por amor, com o desejo de agradar a Deus.

A solução para eliminar essas barreiras deve passar por uma boa evangelização que provoque um encontro vivo e profundo com o Deus vivo, que crie um novo relacionamento com Deus. Mas é preciso, também, orar para a cura espiritual profunda desses corações. Orar concretamente, especificamente com essas pessoas para que Jesus cure seu coração, seu psíquico e seu espírito daquelas experiências tão dolorosas. Às vezes, para que aconteça a cura é necessário que perdoem profundamente a quem as prejudicou. A evangelização básica e a cura são necessárias na criação de condições para se iniciar uma bela caminhada de experiência de Deus.

9.3.3. ENVOLVIMENTO COM FALSA RELIGIÃO

Há pessoas que têm grandes barreiras à experiência de Deus por causa de seu envolvimento com falsas religiões. Envolveram-se com espiritismo, umbanda, candomblé, seicho-no-iê, maçonaria, rosa-cruz, budismo, hinduísmo, ou com outras formas de esoterismo como: astrologia, cartomancia, magia, horóscopo etc.

— Umas nasceram e foram iniciadas em falsa religião. Depois passaram para o catolicismo, mas nunca foram bem evangelizadas e libertadas plenamente. Não foram bem iniciadas na verdadeira vida cristã.

— Outras, por ignorância religiosa, andam bebendo em todas as fontes, mesmo nas de águas turvas. Dizem-se católicas, vão à missa algumas vezes, mas ao mesmo tempo freqüentam a seicho-no-iê, tomam passes, fazem trabalhos de esquina ou outros. Nem percebem a contaminação espiritual altamente negativa para a vida no espírito.

— Outras são católicas mas em momento de sofrimento buscam força e solução de problemas onde quer que se lhes aponte. Fazem uma peregrinação por todo tipo de falsa religião. Aceitam fazer tudo o que ali se lhes manda fazer. Acabam mais confusas e, o que é pior, contaminadas por forças espirituais muito negativas.

— Outras, católicas, vão freqüentemente tomar passes. Chegam a fazer rituais de iniciação, consagrações, entregas ou amarramentos a entidades espirituais. Invocam espíritos-guias. Rendem-se a eles.

— Outras chegam a fazer batismos de sangue e, mesmo, pactos secretos com o demônio.

Nem é preciso dizer que todas essas atitudes são contrárias ao primeiro mandamento. São uma negação do Deus Uno e Trino, único e verdadeiro. Portanto, quem assim age peca gravemente contra Deus.

Mais. Toda prática de falsa religião introduz, no coração, deuses falsos, ídolos perversos, o que lhes tira a pureza de sua fé e de seu culto ao Deus verdadeiro.

Mais ainda. Tais práticas, mesmo que esporádicas, mas principalmente quando acompanhadas de rituais de iniciação, de batismos, de invocação de guias, de rituais sangrentos, de pactos, geram marcas espirituais fortemente negativas, forças interiores opostas ao Deus verdadeiro, barreiras poderosas contrárias a uma vida cristã fervorosa. Essas pessoas têm muita dificuldade de crescer na vida espiritual. Há uma força interior contrária. É evidente que isso cria enormes dificuldades para a verdadeira vida íntima com o Deus vivo, para a experiência de Deus.

A solução implica uma evangelização forte dessas pessoas levando-as a aceitar como único o Deus verdadeiro; implica, ainda, a renúncia explícita a toda falsa religião, sua doutrina e práticas. Essas pessoas precisam de uma reconciliação com Deus pela confissão. Necessitam passar por um processo forte de libertação das forças malignas das quais se apropriaram. Precisam de acompanhamento espiritual para auxiliar na caminhada de uma nova vida com Jesus ressuscitado.

9.4. BARREIRAS DE ORDEM PSICOEMOCIONAL

Há pessoas que entram em crise religiosa por causa de momentos de grandes sofrimentos pessoais ou familiares.

Culpam a Deus por esses sofrimentos e, por isso, entram num processo de revolta, ou até de negação de Deus.

— Ocorre a morte inesperada de um ente muito querido: mãe, marido, filho, neto, irmão. A pessoa fica traumatizada e, em seu sofrimento, revolta-se contra Deus, acusando-o de ser culpado por tê-lo permitido, de não ter feito uma intervenção milagrosa. Revoltada, a pessoa faz represália: não vai à missa, não reza mais, diz não mais crer, ou até blasfema contra Deus.

— Uma senhora mãe é comunicada que seu filho de dez anos tem leucemia. Agarra-se desesperadamente a Deus, faz promessas a nossa Senhora Aparecida, a outros Santos de sua confiança. Nada do esperado por ela acontece. O filho morre. Seu coração revolta-se, decepcionado com Deus, ou com Maria ou com o Santo a quem recorreu. Perde a fé. Guarda mágoas e decepções profundas de Deus, de nossa Senhora ou dos Santos.

— Alguém precisa de uma ajuda importante de Deus, necessita de uma graça muito grande. Pede, pede, faz promessas, novenas, romarias. A graça não é alcançada. Seu coração se decepciona, revolta-se contra Deus. Afirma não crer mais em nada. Abandona suas práticas religiosas.

Em tais crises, instala-se no profundo do psiquismo e do coração uma imagem negativa de Deus ou de nossa Senhora ou do Santo a quem se recorreu; imagem envolvida em atmosfera de decepção, de desilusão, de mágoa, ou até de vingança, de blasfêmia, de negação. Esse clima adverso cria fortes barreiras à vida de fé, de oração, de relacionamento com Deus. Há pessoas que se tornam opositoras sistemáticas de Deus; outras tornam-se atéias e anti-religiosas; outras não se desligam de Deus, mas guardam profunda decepção e mágoa, o que bloqueia totalmente sua prática religiosa.

Este clima adverso a Deus é uma das maiores barreiras à experiência de Deus. É o oposto dessa experiência.

Essas pessoas todas precisam muito de ser ajudadas. A solução está em dar uma reorientação na visão de fé da pessoa em crise. Quando for a hora propícia, levá-la, por uma forma concreta, a fazer uma aceitação explícita do acontecimento doloroso, ou do não atendimento divino. Levá-la a perdoar e a pedir perdão a Deus pelo relacionamento rompido, e, se preciso, orar para a cura do psiquismo traumatizado e revoltado.

Todas essas barreiras ou impedem totalmente, ou dificultam a vivência de uma verdadeira e santificante experiência do Deus vivo. Cada barreira ou obstáculo deve ser tratado de forma muito específica. Quando possível, por pessoa experiente, num trabalho mais ou menos prolongado.

CAPÍTULO DEZ

CULTIVAR A EXPERIÊNCIA DE DEUS

O conhecimento pessoal, íntimo e experiencial do Pai celeste, de Jesus vivo, salvador e senhor, bem como do Espírito santificador, pode crescer sempre mais. O que equivale a dizer que a experiência do Deus vivo pode crescer, aprofundar-se e amadurecer sempre mais, até o fim da vida. Você nunca pode dizer que já conhece totalmente o Pai, que não há mais o que descobrir de riquezas nele. Jamais pode dizer que consegue abranger toda a grandeza e riqueza das pessoas de Jesus e do Espírito Santo, a ponto de nada mais ser novidade ou descoberta neles.

Nosso Deus vivo é de uma riqueza e grandeza infinitas. Ao passo que nós somos limitadíssimos, ínfimos, e até obtusos em nossa possibilidade de conhecer e abranger sua grandeza. Por isso, cultivando sua experiência de Deus, nela você pode crescer constantemente.

Viver a experiência de Deus é uma grande graça. Uma graça dinâmica, que pode crescer, que precisa crescer sempre mais. Aliás, quando você a experimenta no coração, sente necessidade de buscá-la mais plena e intensamente. *"Minh'alma tem sede de Deus... Como a corça suspira pelas águas correntes, assim suspira minha alma pelo Deus vivo"* (cf. Sl 62 e 41). A sede do Deus vivo, em vez de diminuir, aumenta cada vez mais à medida que se bebe de seu amor. Cresce porque seu coração percebe quanto é bom provar, experimentar o Deus de amor.

Porque é uma graça que normalmente se inicia pequena como um "grão *de mostarda*" (Mt 13,31-32) e pode crescer ao infinito, a experiência de Deus precisa ser cultivada, carinhosa e criativamente, inteligente e perseverantemente. Cultivada, essa graça cresce, amadurece, interpenetra seu coração, e vai transformando dinamicamente toda sua vida.

10.1. O CRESCIMENTO É OBRA DO ESPÍRITO

Toda experiência de Deus é obra do Espírito Santo. É Ele quem toca seu coração para que se abra ao Deus vivo. É Ele quem abre a inteligência, os olhos e os ouvidos do coração para perceber as mais diversas manifestações divinas que formam sua experiência de Deus. É o Espírito quem inicia, desenvolve, amadurece e dinamiza toda experiência de Deus.

Ao tratar, nos capítulos anteriores, da experiência pessoal do Pai, de Jesus vivo e do próprio Espírito, mostrei como tudo é obra dele. É o Espírito quem clama Aba! Pai! e forma a experiência do Pai. É Ele quem ressuscita, revela, testemunha e glorifica Jesus vivo no coração humano, e gera a experiência pessoal de Jesus. É o Espírito quem se manifesta perceptível e até poderosamente na mente e no coração do ser humano e forma a experiência de sua presença e ação.

Para cultivar, desenvolver e amadurecer perenemente, bem como para viver sempre mais profundamente sua experiência de Deus, é preciso, portanto, manter um relacionamento profundo com a pessoa do Espírito Santo. Eis o segredo do sucesso: uma amizade profunda, cultivada, diária e criativa com o Espírito Santo. Aliás, a experiência de Deus é a obra fundamental e mais importante do Espírito em seu coração. É a obra que Ele quer, que Ele precisa realizar em seu coração, pois foi exatamente para isso que Ele veio aí habitar. É a partir dessa graça que acontece a santificação do coração, obra essencial e especializada do Espírito santificador.

Todas as outras iniciativas para crescer na experiência de Deus não são outra coisa senão "*dar chances ao Espírito Santo para agir*". É, aliás, importante e necessário oferecer ao Espírito tais chances de agir. É a pequena parte de sua colaboração. Mas a obra é dele.

10.2. FORMAS DE CULTIVAR A EXPERIÊNCIA DE DEUS

Há muitas formas de você colaborar com o Espírito para que faça sua experiência de Deus crescer e amadurecer sempre mais. Todas são chances que lhe dá para agir e realizar sua obra.

10.2.1. RELACIONAMENTO DIÁRIO COM DEUS

Sempre que se manifesta e realiza a experiência de Deus no coração humano, o Espírito Santo nele desperta a necessidade e a sede constante de um relacionamento amistoso com o Deus que se tornou vivo e experimentável. Tocado por Deus, seu coração passa a saboreá-lo, a experimentá-lo sempre mais, e a desejá-lo mais vivamente. Essa necessidade de seu coração gera outra necessidade: a do encontro com Deus, do estar com Deus, da conversa com Deus, do ouvir a Deus, do mostrar-se a Deus, do encher-se de Deus, do agradar a Deus, do ser curado por Deus.

A esse relacionamento chamamos tradicionalmente de oração. Toda oração deveria ser um momento forte de relacionamento com o Deus vivo. Mas às vezes não é. Não é porque a oração foi "*coisificada*", tornou-se uma "*coisa*" que a gente faz. Tornou-se uma reza, uma récita de fórmulas meio mágicas; uma obrigação a cumprir, um mandamento incompreensível a obedecer. Aliás, é por isso que muitíssimos católicos abandonaram a oração, e até acham ridículo que alguém ore. Perderam o sentido da oração como "*encontro*", como "*relacionamento*" com o Deus vivo. Por que "*encontrar-se com o Deus vivo, relacionar-se, conversar, ouvir o Deus vivo"* seria ridículo, vergonhoso, ou não teria sentido?

Na verdade, se não houver experiência do Deus vivo, se a pessoa não tiver um Deus vivo presente em sua vida, rezar, orar, não terá sentido algum. Todos os que abandonaram a oração, fizeram-no ou porque nunca tiveram um Deus vivo em suas vidas, ou porque o deixaram morrer, ou porque o substituíram por ídolos mudos, cegos, surdos e mortos. Com tais ídolos efetivamente não se pode conversar, não há possibilidade alguma de ter um relacionamento. Mas quem tem o Deus vivo e o conhece por experiência, porque convive com Ele, este sim pode ter um relacionamento muito profundo e frutuoso com seu Deus.

Oração é relacionamento. A oração deve ser um momento de relacionamento, de contato, de comunicação entre o coração humano e Deus. Oração é encontro amistoso, amoroso com o Deus vivo. Tudo o que seja forma de relacionamento, de momento de contato e de encontro com Deus é oração.

Por ser encontro, contato, relacionamento, a oração verdadeira alimenta a comunhão de vida com Deus e, por isso, dá oportunidade para crescer na experiência de Deus. A oração dá oportunidade para que aconteçam sempre novas ou renovadas experiências de Deus.

Na oração, seu coração pode experimentar a presença viva do Pai, a confiança que Ele gera no coração, a paz de sua misericórdia que perdoa. Pode experimentar seu amor que o chamou à vida, seu plano de amor em curso. Pode experimentar seu amor que lhe deu Jesus salvador, que lhe dá o Espírito Santo. Seu coração experimenta e descobre suas providências paternas.

Na oração, seu coração pode experimentar a presença viva do ressuscitado. Pode experimentar seu poder que liberta, que cura, perdoa, conforta; pode descobrir sempre mais a bondade, a mansidão, a fidelidade, a misericórdia de Jesus. Na oração, seu coração se sente atraído, iluminado, questionado, orientado por Jesus vivo. Enfim, sua oração é sempre um momento privilegiado de novas experiências de Jesus.

Na oração, seu coração pode experimentar a presença viva do Espírito que o inspira a orar, a elevar-se até a presença do Pai e do Filho. Pode experimentar suas iluminações para penetrar na verdade meditada, seu calor de amor que o impulsiona ao amor maior. Pode experimentar manifestações de carismas como: dom das línguas, palavras de ciência, discernimento dos espíritos, profecia. Enfim, é na oração ao Espírito Santo que seu coração tem a oportunidade de fazer sempre novas experiências de Deus.

As formas ou métodos de oração são sempre um auxílio para você poder orar bem. A oração de meditação, a contemplação, a oração com a Bíblia, as orações bíblicas, a oração de escuta, a oração de quietude e de simplicidade, a oração dos salmos, e tantas outras, são meios para que você possa orar melhor. Mas é sempre preciso ter o cuidado de não transformar a oração "*numa coisa que você faz*", em algo meio mágico que produz algum efeito espontâneo ou necessário. Usando métodos, é sempre preciso manter bem viva a consciência e convicção de que aquela oração deve ser um momento de contato, de encontro, de comunhão e de relacionamento com o Deus vivo.

É preciso desenvolver cada vez mais a capacidade pessoal de orar. Descobrir qual o melhor meio para fazer "*encontros profundos com o Deus do amor*", qual a melhor maneira de comunicar-se com o Deus vivo. Um método que seja bom para alguém, não o é necessariamente para você. O que deve existir sempre, em qualquer tipo ou forma de oração, é o encontro, o contato com Deus, a comunhão viva e transformadora com Ele.

O relacionamento com o Deus vivo, pela oração pessoal, deveria acontecer pelo menos uma vez por dia, todos os dias. E, quando possível, mais vezes por dia. Refiro-me a um momento mais intenso de oração: meia hora, uma hora, duas horas por dia. Momentos rápidos de contato, de elevação para Deus, podem acontecer em qualquer lugar ou situação, a qualquer momento. Quanto mais freqüentes, tanto melhor.

10.2.2. RELACIONAMENTO COM CADA UMA DAS PESSOAS

Para o crescimento da experiência pessoal de cada pessoa da Trindade é importante que seu coração se relacione de uma forma muito personalizada com cada uma delas.

É preciso criar um muito bom relacionamento com o Pai celeste; realizar encontros, contatos, momentos fortes de oração com o Pai. Nesses momentos de comunicação, *"adorá-lo"* explicitamente como Deus, rendendo-se como criatura-filho a seu Deus Pai-criador. *"Glorificá-lo"* por sua grandeza e pela maravilha de suas obras. *"Louvá-lo"*, elogiá-lo muito, efusivamente, por todas as suas manifestações como criador, como Pai amoroso. *"Agradecer-lhe"* por todas as bênçãos recebidas. *"Pedir-lhe perdão"* e misericórdia quando há fraquezas. *"Pedir-lhe libertação e cura"*, toda vez que haja necessidade. *"Levar ao coração dele as necessidades dos irmãos"*, sejam quais forem. Enfim, realizar momentos fortes de comunicação com o Pai.

É preciso manter um relacionamento muito intenso e bom com Jesus vivo. *"Adorá-lo"*, *"glorificá-lo"*, *"louvá-lo"*, *"agradecer-lhe"*, *"solicitar-lhe"* toda sorte de bênçãos necessárias para si e para os irmãos. Em relação a Jesus, é preciso concentrar-se mais em sua missão de salvação. No relacionamento com Jesus, sempre após ter dirigido a Ele a adoração, o louvor, a glorificação e a ação de graças, apresentar-lhe as necessidades de libertação espiritual e psicológica, de cura das feridas da própria história, de perdão e reconciliação, bem como a necessidade de plenitude maior do Espírito Santo. Estes encontros sejam muito pessoais, existenciais e profundos. Nunca se esqueça, também, de tratar com Jesus as necessidades dos irmãos, principalmente dos mais necessitados.

É preciso também criar, desenvolver e amadurecer uma forma de encontros muito bons e concretos com a pessoa do Espírito Santo. Como ao Pai e ao Filho, apresentar-lhe a melhor *"adoração"*, a mais consciente *"glorificação"* e *"louvação"*, a *"ação de graças"* mais cordial e freqüente por suas manifestações e bênçãos recebidas no dia-a-dia da caminhada. Nestes encontros em oração, *"entregar-se"* sempre mais radicalmente a Ele e pedir-lhe que tome posse plenamente de todo seu ser. Que Ele inspire e mova seu coração para uma vida cada dia mais santa.

Uma forma sábia e eficaz para crescer no relacionamento e experiência de cada pessoa divina é dedicar um tempo particular a cada uma delas, no início daquele momento mais longo da oração pessoal diária. Uns cinco minutos ao Pai, cinco minutos a Jesus vivo e cinco minutos ao Espírito Santo. Você pode iniciar, também, com o Espírito e passar ao Pai e a Jesus. Ou iniciar com Jesus, e passar ao Espírito e ao Pai. Nisto, seguir a inspiração do coração. Aliás, é bom lembrar que o Espírito é quem clama Aba! e quem revela Jesus. Iniciando-se a oração com o Espírito, Ele irá favorecer, depois, a oração ao Pai e ao Filho, Jesus.

10.2.3. A ORAÇÃO DE LOUVOR

Demonstrei no capítulo sobre o louvor que "*quem vive a experiência de Deus, louva. E quem louva cresce na experiência de Deus*". A oração de louvor bem compreendida, assumida e realizada é uma excelente forma de cultivar, fazer crescer e amadurecer a experiência de Deus.

É preciso compreender, porém, que esse louvor deve ser realizado principalmente sobre os novos motivos descobertos, novas graças recebidas, novas experiências feitas, novos sinais de manifestações divinas, pelos quais seu coração se sente movido a elogiar ao Deus Uno ou a cada uma das pessoas em particular. Não basta, pois, ficar repetindo frases de louvor pré-fabricadas com a cabeça, chavões de louvor ouvidos e repetidos da boca para fora, frases de louvor que não traduzem algum impulso do coração. Este tipo de louvor em nada favorece a experiência de Deus. É preciso que a louvação brote da admiração do coração diante de alguma nova graça ou bênção, de alguma nova experiênci vivida, enfim, de alguma razão que seu coração encontra para louvar.

10.2.4. REVER POSITIVAMENTE O DIA VIVIDO

Outra forma muito boa para cultivar a experiência de Deus é rever positivamente o dia vivido. À noite você faz uma retomada do dia para descobrir os momentos em que Deus se manifestou. Momentos de boas inspirações divinas para agir bem, ou para evitar algum mal; momentos de moções, de impulsos divinos para realizar alguma boa ação; alguma graça ou bênção acontecida consigo ou com outras pessoas; alguma forma como Deus se comunicou, por meio de alguma pessoa, de uma leitura, de algum acontecimento bom ou doloroso. Enfim, detectar aqueles bons momentos que revelam a presença e as manifestações divinas, quer diretas, quer por meio de pessoas ou acontecimentos.

É muito importante educar os olhos do coração para ver esses momentos de graça. É importante educar os ouvidos do coração para ouvir as inspirações e moções divinas. Essa sensibilidade, essa capacidade de perceber a ação divina, essa capacidade de transfigurar os fatos para encontrar o dedo divino agindo, é muito importante para sua vida de experiência de Deus. Quanto mais aguçada for sua capacidade de percepção, tanto mais você perceberá as manifestações divinas, tanto mais seu coração ficará maravilhado, e tanto mais será movido a louvar, a glorificar e proclamar as grandezas divinas.

Aliás, esse "olho clínico", essa capacidade de percepção é, também, muito importante para dar a seu coração sempre novas motivações para a oração de louvor. Captando as novas experiências vividas, seu coração é movido a louvar a Deus.

Ao realizar a retomada de seu dia vivido para encontrar as novas manifestações divinas, é muito bom fazê-lo em clima de oração e coroá-lo com muito louvor a Deus. Após ter percorrido seu dia e percebidas novas experiências, retomá-las uma a uma e fazer muito bom louvor àquela pessoa divina que se manifestou.

10.2.5. PARTILHA EM PEQUENO GRUPO

Outra forma muito boa de desabrochar e crescer na experiência de Deus é participar de um pequeno grupo de pessoas que decidem reunir-se para partilhar as experiências de Deus vividas a cada semana.

O grupo se reúne um vez por semana, em horário, local e por tempo apropriados. Iniciam sempre com um bom momento de encontro com o Deus vivo, por meio de oração muito cordial e espontânea. É sempre desejável, também, que a oração se dirija a cada uma das pessoas divinas, em particular. Essa oração não deve ser uma ladainha de pedidos. Deve ser adoração, louvor, glorificação, ação de graças. Se preciso, pode-se fazer pedido de misericórdia e perdão. É evidente que sempre se deve pedir a ação vigorosa do Espírito para iluminar os corações a fim de poderem perceber as experiências vividas na semana anterior.

Após a oração, que não deve ser cronometrada, mas deixada à boa inspiração do dia, faça-se um momento de silêncio profundo para cada participante retomar sua semana vivida, e buscar nela os momentos de experiência e de graça. Não se trata do silêncio para escuta de novas orientações divinas, mas para buscar as experiências já vividas na semana anterior.

Ao fim do silêncio fazem-se as partilhas. Uma pessoa conta ao grupo uma experiência de Deus vivida na semana. Relata um momento de graça e bênção, uma inspiração ou moção divina, um acontecimento bom ou doloroso pelo qual Deus se manifestou. Enfim, algo que, à luz da fé no Deus vivo e comunicante, a pessoa viveu como momento de graça. As outras pessoas ouvem em clima de interioridade, acolhimento, admiração e louvor. Terminada uma partilha, o grupo louva e agradece a Deus pela experiência vivida e partilhada. Seja uma oração piedosa, sincera, de gratidão e louvor. Não pode ser algo feito por fazer, da boca para fora. Uma oração formal, sem espiritualidade, em vez de avivar a fé, a anestesia. Faz perder a sensibilidade espiritual.

Após uma partilha, outra pessoa testemunha uma de suas experiências vividas. Assim, sucessivamente, todos vão partilhando, testemunhando e orando.

A partilha em pequeno grupo produz um fruto muito importante: a sensibilidade da fé diante das graças que acontecem. Ou seja, a criação daquele "olho espiritual clínico" que percebe com sutileza e facilidade as manifestações divinas. Ao ouvir muitas partilhas diversas, o coração se educa a ter essa sensibilidade espiritual, aliás tão importante para a experiência de Deus e a vida cristã.

10.2.6. VIDA SACRAMENTAL CONSCIENTE E PROFUNDA

Os sacramentos são os maiores e os melhores meios ou caminhos de comunicação profunda com o Deus vivo. Quando você vive com o Deus vivo no coração e com Ele se relaciona conscientemente, e quando conhece a realidade dos sacramentos, você percebe com clareza que é por meio deles que pode entrar em comunhão profunda com Deus. Percebe que, por eles, pode receber as melhores graças de salvação e santidade. Portanto, pelos sacramentos vividos consciente e intensamente é que você pode crescer muito na experiência de Deus.

No Batismo. Quando recebido por jovens ou adultos bem preparados, ou em sua renovação consciente e motivada, podem ocorrer experiências belíssimas de Deus como Pai, que faz a adoção do filho por aquele ato. Pode acontecer a experiência de Jesus ressuscitado, isto é, de que Jesus está realmente vivo e presente em sua vida cristã assumida pelo Batismo, bem como de Jesus vivo, como salvador pessoal e senhor de sua vida. Pode ocorrer a experiência da presença viva e atuante do Espírito que veio habitar em seu coração para realizar a obra de santificação de sua vida, bem como experiências de carismas que se manifestam rapidamente após o Batismo. Podem ocorrer experiências de um novo amor à igreja, com o desejo de atuar nela como membro vivo e atuante, experiência de compromisso com todos os irmãos. No Batismo pode ocorrer a experiência de um novo nascimento, de uma vida nova em Cristo ressuscitado.

Na Confirmação. Se está muito bem conscientizado, o crismando pode receber uma verdadeira efusão do Espírito Santo com todas as suas conseqüências tão maravilhosas. Um verdadeiro pentecostes pessoal, com experiências vivas da presença e da ação do Espírito Santo, tornando-o adulto na fé, discípulo alegre e fiel de Jesus, apóstolo destemido para levar Jesus e seu reino ao meio dos irmãos. Não apenas na hora da Confirmação, mas para sua caminhada de fé, esse sacramento pode produzir a experiência do Deus vivo no coração, conceder o dom de orar, a graça da oração em línguas, bem como carismas novos para sua missão. O crisma deveria sempre fazer acontecer vivas experiências do Espírito Santo com todas as suas múltiplas manifestações.

Na Confissão. Bem preparado e realizado, o sacramento da confissão sempre faz crescer a experiência do amor misericordioso de Deus que perdoa, que perdoa de novo, que perdoa sempre, que gosta de perdoar para ver o coração mais belo, curado e feliz. Cada confissão é uma nova experiência do amor misericordioso de Deus que liberta e cura o espírito e a mente. Quantas experiências de Deus maravilhosas têm ocorrido por meio desse sacramento. Experiência de ter sido totalmente perdoado; de estar em paz com Deus, consigo mesmo e com os irmãos; de estar em graça divina; de alegria interior profunda. Às vezes, de ter sido curado das causas e conseqüências dos pecados pessoais; das ofensas recebidas, de vícios, de hábitos indesejáveis. É preciso, porém, redescobrir e renovar no coração toda riqueza inerente a esse sacramento, que, aliás, está tão desmoralizado, esquecido e não buscado.

Na Santa Missa. Sendo a Santa Missa a recordação, a celebração e a atualização do mistério pascal de Jesus, memorial de sua vida, pregação, paixão, morte e ressurreição, ela só pode ser um momento fortíssimo de experiências do Deus vivo e, principalmente, de Jesus ressuscitado. Experiências de toques profundos de fé na presença real de Jesus na Eucaristia; experiências de sentir-se muito amado por Deus pelo dom de Jesus na Eucaristia; experiências de renunciar a todo pecado, a toda ligação a falsa religião, a amuletos e crendices, para aderir de todo coração ao Deus verdadeiro; experiências de perdão dos pecados, de libertação e cura de problemas espirituais, psicológicos, emocionais e físicos; experiências de impulsos fortes para a conversão, para realizar o bem, para dar-se mais aos outros, como Jesus se dá na Eucaristia.

Na Comunhão Eucarística. Sendo o encontro mais profundo que você pode realizar com Jesus, e, em Jesus com o Deus vivo, sempre podem ocorrer muitas experiências. Experiências íntimas de amor mútuo profundo, com Jesus vivo, de mútuo acolhimento, de crescimento da consciência de sua presença viva; experiências vivas de uma nova força comunicada por Jesus para enfrentar as dificuldades da vida. O encontro com Jesus na Eucaristia produz experiências de impulsos fortes para ser bom, fazer o bem, perdoar, socorrer, comprometer-se mais com os irmãos. Pode gerar experiências de curas espirituais, emocionais, psicológicas e físicas; experiências de libertações e curas de vícios, de raízes de pecados, de conseqüências de pecados do passado. É fácil compreender que, ao realizar um encontro profundo com Jesus vivo, salvador e mestre, tudo de bom pode acontecer, tudo o que é bom pode ser experimentado. Portanto, cresce a experiência de Deus. Efetivamente, andar com Jesus vivo, é ter um grande companheiro de caminhada.

Na Unção dos Enfermos. Esse sacramento precisa ser compreendido e assumido "*em função da vida, da saúde e longevidade*"; não em função da morte. É o sacramento da saúde, da cura integral para a longevidade; é o canal de bênçãos divinas para a saúde espiritual, psíquica, emocional, física, familiar e comunitária. Ao receber conscientemente a Unção dos Enfermos, sempre podem ocorrer experiências de curas físicas, de perdão divino, de curas espirituais, de profundas reconciliações do coração com pessoas com quem havia muito desamor e discórdia. Após a renovação da Unção dos Enfermos a partir do Vaticano II, são sempre mais numerosas as notícias que se têm das maravilhas que Jesus opera por meio desse sacramento.

Na Ordem. A ordem é o sacramento da ordenação de bispo, padre e diácono. O ordenado pode ter as mais profundas e diversas experiências, quer no ato, quer na sucessão do tempo de seu ministério. Um sacerdote, de cuja ordenação participei, contava-me tempos após sua ordenação que nunca havia imaginado que o sacramento da ordem pudesse conferir uma força tão poderosa. Contava-me o poder que sentia na pregação, na celebração e, principalmente, quando orava pelas pessoas. Muitas maravilhas aconteciam constantemente, normalmente, em seu ministério.

Realmente, são muito grandes os poderes de Jesus conferidos pela ordenação. Seria preciso que os ordenados tomassem consciência dos poderes recebidos, e aprendessem a usá-los sempre para o bem dos fiéis. O ministério ordenado oferece constantes e diárias oportunidades para realizar e crescer na experiência de Deus. Toda vez que perdoa a um pecador arrependido, o padre na verdade experimenta a misericórdia de Deus: deveria exultar de alegria. Toda vez que o padre pronuncia as palavras da transubstanciação, tem diante de seus olhos uma grande maravilha: deveria exultar e comover-se. Quando unge um enfermo e constata sua melhora ou sua cura, é outra experiência de Deus. Poder-se-iam percorrer, dessa forma, todas as ações ministeriais do sacerdote, e perceber aí Deus agindo, manifestando-se. Portanto, quantas experiências de Deus!

No Matrimônio. O sacramento do matrimônio concretiza a aliança do casal entre si, um com o outro, mas também a aliança do casal com Deus. É uma pena que a maioria absoluta de noivos que ainda busca o matrimônio está totalmente despreparada para a recepção consciente e santa desse sacramento. No matrimônio celebrado e acolhido com profundo conhecimento e espiritualidade, podem ocorrer experiências maravilhosas de Deus, como a compreensão profunda, com o coração, da aliança realizada com Deus; uma cura profunda de relacionamentos dolorosos ocorridos no tempo de namoro e noivado; uma consciência profunda do amor fiel que foi selado pela graça divina. E no decurso da vida matrimonial, o casal fiel à aliança com Deus pode experimentar a fidelidade de Deus, protegendo, abençoando, promovendo toda sorte de bens na família.

Portanto, uma vida sacramental muito consciente e assumida é uma das formas mais ricas e fortes de cultivo, crescimento e amadurecimento da experiência de Deus.

10.2.7. A BÍBLIA

A leitura piedosa, a meditação, a contemplação, a oração sobre a Palavra de Deus são outras formas ricas para o cultivo e crescimento de sua experiência de Deus. Ler, meditar, contemplar ou orar sobre as maravilhas bíblicas da criação; sobre as maravilhas realizadas por Deus nos patriarcas Abraão, Isaac, Jacó; sobre as maravilhas operadas por Deus com o povo eleito, no Egito, no deserto, na terra prometida; sobre as maravilhas realizadas na vida dos profetas e, por meio deles, no povo de Deus, com toda certeza abre seu coração ao Deus vivo, encanta seu coração diante da grandeza divina, toca seu coração para crer muito mais no Deus vivo, abre o coração para crer que Deus pode fazer e quer fazer maravilhas semelhantes, também agora. Enfim, podem ocorrer experiências de Deus de toda espécie.

Ler, meditar, contemplar ou orar sobre a vida de Jesus, seus ensinamentos, seus milagres e prodígios, sua paixão e morte, sua ressurreição e ascensão, bem como sobre os outros escritos do Novo Testamento, traz imensas possibilidades de aprofundar sua experiência de Deus. Quantas conversões profundas, transformações radicais de vida já ocorreram através da Bíblia. Experiências de descoberta e encontro com Jesus vivo. Experiências de manifestações da efusão do Espírito, da manifestação de carismas. Experiências de libertações interiores pelo poder de Jesus vivo, de curas espirituais, psíquicas, emocionais e mesmo físicas. Experiências de inspirações e moções fortes para deixar o mal, o pecado, a falsa religião e as ligações com ela. Experiências de impulsos e moções para fazer o bem, para amar a alguém. Enfim, o Deus vivo pode manifestar-se de mil modos e, portanto, ser experienciado sempre mais, por meio da Bíblia.

10.3. PROJETO DE CRESCIMENTO

Para que a graça maravilhosa da experiência do Deus vivo e de cada uma das pessoas divinas possa crescer e amadurecer, é muito bom que você faça um pequeno projeto de crescimento. Trata-se de um planejamento daquilo que quer fazer para cultivar a experiência de Deus. Um plano bem estudado, escrito, que sirva como norma de ação, de vivência e de avaliação da caminhada de crescimento.

Esse projeto pode ser feito a partir de algumas perguntas.

— Qual é a realidade atual de minha experiência de Deus?

— Em que ponto está minha experiência do Pai, minha convivência com Deus Pai, meu relacionamento com Ele?

— Como está minha experiência de Jesus vivo? Como tem sido meu relacionamento com Ele? Quando, onde e como tenho percebido sua presença, sua ação em mim e nos irmãos?

— Como está minha experiência de vida com o Espírito Santo? Como tem sido meu relacionamento com Ele? Onde, quando, como tenho percebido sua atuação em mim e nos irmãos?

— O que seria mais importante e mais urgente assumir e trabalhar para crescer em minha experiência de Deus?

— Em relação ao Pai, o que devo realizar ou melhorar?

— Em relação a Jesus vivo, o que devo aperfeiçoar, a que devo dar mais atenção?

— Em relação ao Espírito Santo, o que preciso assumir melhor, realizar com mais fidelidade?

— O que vou assumir, como trabalho pessoal, para o próximo mês, para o mês seguinte, e para o terceiro mês?

— Em que vou me aprimorar em relação a Deus Pai?

— O que vou assumir para crescer em relação a Jesus vivo?

— O que vou trabalhar para aperfeiçoar minha experiência do Espírito Santo?

Respondendo a essas perguntas, você pode chegar à conclusão, por exemplo, de que sua experiência do Espírito Santo está muito pequena e você precisa, e quer, crescer ainda muito no conhecimento pessoal, na experiência e relacionamento com Ele. A prioridade seria, portanto, trabalhar por um longo tempo a experiência do Espírito Santo.

Pergunta-se, agora, o que fará concretamente para desenvolver a experiência do Espírito. A resposta à última pergunta levará ao projeto a ser feito.

Você poderia, por exemplo, fazer o seguinte projeto:

1. Ler e orar quinze minutos, todos os dias, sobre os atos dos apóstolos para descobrir como o Espírito agia na Igreja

primitiva, a fim de abrir-se para que Ele faça a mesma obra em seu coração. Fazer muita oração de louvor ao Espírito Santo sobre cada uma das manifestações lidas em Atos.

2. Recorrer ao Espírito Santo, diversas vezes durante o dia, para pedir suas inspirações, moções, frutos e dons. E prestar atenção a essas manifestações pedidas.

3. Todos os dias, à noite, fazer uma retomada do dia para redescobrir, retomar, louvar e agradecer ao Espírito pelas manifestações havidas naquele dia.

4. Dedicar de modo particular ao Espírito Santo todo o dia da segunda-feira. Fazê-lo centro de todas as atenções, nesse dia.

Por meio de um pequeno projeto bem elaborado e executado, você pode cultivar e fazer crescer sempre mais sua experiência de Deus.

Gostaria de lembrar que todos os pontos analisados neste capítulo, como forma de desenvolver a experiência de Deus, podem ser tomados como meios, como instrumentos, em seu projeto de crescimento.

DISTRIBUIDORES DE EDIÇÕES LOYOLA

cre

M. M. PAIM REPRESENTAÇÃO E COMÉRCIO
Rua Rio Branco do Sul, 331
69908-340 **Rio Branco,** AC - ✆ (068) 224-3432

mazonas

PAULINAS
Rua 24 de Maio, 233 – Centro
69010-080 **Manaus**, AM
✆ (092) 233-5130 /Fax: (092) 633-4017

ahia

DISTR. BAIANA DE LIVROS COM. E REPR. LTDA
Rua Clóvis Spínola, 40 - Orixás Center - loja II
Pav. A - 40080-240 **Salvador,** BA
✆ /Fax: (071) 329-1089

LIVRARIA E DISTRIBUIDORA MALDONADO LTDA.
Rua Direita da Piedade, 203
Bairro Piedade - 40070-190 **Salvador,** BA
✆ (071) 321-4024

EDITORA VOZES LTDA
Rua Carlos Gomes, 698A - Conj. Bela Center - loja 2
40060-330 **Salvador,** BA
✆ (071) 322-8666/ Fax: (071) 322-8666

PAULINAS
Av. 7 de Setembro, 680 - São Pedro
40110-001 **Salvador,** BA
✆ (071) 243-2477/ 243-2805/ Fax: (071) 321-5133

rasília

EDITORA VOZES LTDA.
CRL/Norte - Q. 704 - Bloco A n. 15
70730-731 **Brasília,** DF
✆ (061) 223-2436/ Fax: (061) 223-2282

LETRAS E LÁPIS
SCS Quadra 01 Bloco D loja 11 Ed. JK
70350-731 **Brasília,** DF
✆ : (061)223-2684 — Fax: (061) 323-5414

PAULINAS
Bl. C - Lojas 18/22 - SCS - Q. 05
70300-909 **Brasília**, DF
✆ (061) 225-9595/ 9664/ 9219 / Fax: (061) 225-9219

PAULINAS
Rua CNB, 13 - Lote 5 - Loja 1
72115-135 **Taguatinga**, DF - ✆ (061) 352-2625

eará

EDITORA VOZES LTDA.
Rua Major Facundo, 730 - 60025-100 **Fortaleza,** CE
✆ (085) 231-9321/ Fax: (085) 221-4238

PAULINAS
Rua Major Facundo, 332 - 60025-100 **Fortaleza,** CE
✆ (085) 226-7544/ 226-7398/ Fax: (085) 226-9930

spírito Santo

"A EDIÇÃO" LIVRARIA E DISTRIBUIDORA
Av. Vitória, 787 - Forte São João
29010-580 **Vitória**, ES - ✆ (027) 223-5690/222-8628

PAULINAS
Rua Barão de Itapemirim, 216 - 29010-060 **Vitória,** ES
✆ (027) 223-1318/ Fax: (027) 222-3532

oiás

EDITORA VOZES LTDA.
Rua 3 n. 291 - 74023-010 **Goiânia,** GO
✆ / Fax: (062) 225-3077

LETRAS E LÁPIS
Rua 03 n. 288 — Centro
✆ / Fax: (062) 224-0905 - 70306-900 **Goiânia**, GO

LIVRARIA EDIT. CULTURA GOIÂNA LTDA
Av. Araguaia, 300 - 74030-100 **Goiânia,** GO
✆ (062) 229-0555/ Fax: (062) 223-1652

Maranhão

PAULINAS
Rua de Santana, 499 - Centro - 65015-440 **São Luís,** MA
✆ (098) 221-5026/ Fax: (098) 232-2692

Mato Grosso

MARCHI LIVRARIA E DISTRIBUIDORA LTDA.
Av. Getúlio Vargas, 381 - Centro
78005-600 **Cuiabá,** MT
✆ (065) 322-6809 e 322-6967/ Fax: (065) 322-3350

Minas Gerais

EDITORA VOZES LTDA.
Rua Mármore, 326 - 31010-220 **Belo Horizonte**, MG
✆ (031) 461-1157

EDITORA VOZES LTDA.
Rua Espírito Santo, 963 - 36010-041 **Juiz de Fora,** MG
✆ / Fax: (032) 215-8061

ACAIACA DISTR. DE LIVROS LTDA.
Rua Itajubá, 2125 - 31035-540 **Belo Horizonte**, MG
✆ (031) 481-1910

ACAIACA DISTR. DE LIVROS LTDA.
Rua 129, nº 384 - Sta. Maria - 35180-000 **Timóteo**, MG
✆ / Fax: (031) 848-3225

ACAIACA DISTR. DE LIVROS LTDA.
Rua João Lustosa, 15/201 - Lourdes
36070-720 — **Juiz de Fora**, MG - ✆ / Fax: (032) 235-2780

PAULINAS
Av. Afonso Pena, 2.142 - 30130-007 **Belo Horizonte,** MG
✆ (031) 261-6623/ 261-7236 / Fax: (031) 261-3384

PAULINAS
Rua Curitiba, 870 - 30170-120 **Belo Horizonte,** MG
✆ (031) 224-2832/ Fax (031) 261-3384

PAULINAS
Rua Januária, 552 - 31110-060 **Belo Horizonte,** MG
✆ (031) 444-4400/ Fax: (031) 444-7894

Pará

PAULINAS
Rua Santo Antonio, 278 - Bairro do Comércio
66010-090 **Belém,** PA
✆ (091) 241-3607/ 241-4845/ Fax: (091) 224-3482

Paraná

EDITORA VOZES LTDA
Rua Dr. Faivre, 1271 - Centro - 80060-140 **Curitiba,** PR
✆ (041) 264-9112/ Fax: (041) 264-9695

EDITORA VOZES
Rua Voluntários da Pátria, 41 - centro
80020-000 **Curitiba**, PR - ✆ (041) 233-1570

EDITORA VOZES LTDA.
Rua Piauí, 72 - Loja 1 - 86010-390 **Londrina,** PR
✆ / Fax: (043) 337-3129

A LORENZET DISTRIB. E COM. DE LIVROS LTDA.
Av. São José, 587 loja 03 - 80050-350 **Curitiba,** PR
✆ (041) 262-8992

EXPRESSÃO CULTURAL LIVR. E PAPELARIA
Rua Alfredo Bufreu, 139 loja 05 - Centro
80020-000 **Curitiba**, PR - ✆ / Fax: (041) 224-2994

PAULINAS
Rua Voluntários da Pátria, 225 - 80020-000 **Curitiba,** PR
✆ (041) 224-8550/ Fax: (041) 226-1450

PAULINAS
Av. Getúlio Vargas, 276 - 87013-130 **Maringá,** PR
✆ (044) 226-3536/ Fax: (044) 226-4250

Pernambuco, Paraíba, Alagoas, R. G. do Norte e Sergipe

EDITORA VOZES LTDA.
Rua do Príncipe, 482 - Boa Vista - 50050-410 **Recife,** PE
✆ (081) 221-4100/ Fax: (081) 221-4180

PAULINAS
Rua Joaquim Távora Alegria, 71 - 57020-320 **Maceió,** AL
✆ (082) 326-2575/ Fax: (082) 326-6561

PAULINAS
Av. Norte, 3.892 - 52110-210 **Recife,** PE
✆ (081)441-6144/ FAX (081) 441-5340

PAULINAS
Rua Frei Caneca, 59 - Loja 1 - 50010-120 **Recife,** PE
✆ (081) 224-5812/ 224-5609/ Fax: (081) 224-9028

PAULINAS
Rua Felipe Camarão, 649 - 59025-200 **Natal,** RN
✆ (084) 212-2184/ Fax: (084) 212-1846

R. G. do Sul

EDITORA VOZES LTDA.
Rua Riachuelo, 1280 - 90010-273 **Porto Alegre,** RS
✆ (051) 226-3911/ Fax: (051) 226-3710

EDITORA VOZES LTDA.
Rua Joaquim Nabuco, 543
93310-002 **Novo Hamburgo,** RS - ✆ / Fax: (051) 593-8143

ECO LIVRARIA E DIST. DE LIVROS
Rua Cel. Ilário Pereira Fortes, 138/202 – Camaquã
91920-220 **Porto Alegre,** RS
✆ (051) 485-2417/ 241-2287

PAULINAS
Rua dos Andradas, 1.212 - 90020-008 **Porto Alegre,** RS
✆ (051) 221-0422/ Fax: (051) 224-4354

Rio de Janeiro

ZÉLIO BICALHO PORTUGAL CIA. LTDA
Av. Presidente Vargas, 502 - 17º andar
20071-000 **Rio de Janeiro,** RJ
✆ / Fax: (021) 233-4295/ 263-4280

EDITORA VOZES LTDA
Rua Senador Dantas, 118-I
20031-201 **Rio de Janeiro,** RJ - ✆ / Fax: (021) 220-6445

EDITORA VOZES LTDA
Rua Frei Luís, 100
Cx. Postal 90023 - 25685-020 **Petrópolis,** RJ
✆ (0242) 37-5112/ Fax: (0242) 31-4676

PAULINAS
Rua 7 de Setembro, 81-A - 20050-005 **Rio de Janeiro,** RJ
✆ (021) 224-3486/ Fax: (021) 224-1889

PAULINAS
Rua Doutor Borman, 33 - Rink - 24020-320 **Niterói,** RJ
✆ (021) 717-7231/ Fax: (021) 717-7353

Rondônia

PAULINAS
Rua Dom Pedro II, 864 - 78900-010 **Porto Velho, R**
✆ (069) 223-2363/ Fax: (069) 224-1361

São Paulo

DISTRIBUIDORA LOYOLA DE LIVROS LTDA
Rua Senador Feijó, 120 - 01006-000 **São Paulo, SP**
✆ / Fax: (011) 232-0449/ 287-0688

DISTRIBUIDORA LOYOLA DE LIVROS LTDA.
Rua Barão de Itapetininga, 246
01042-000 **São Paulo,** SP - ✆ (011) 256-8073

DISTRIBUIDORA LOYOLA DE LIVROS LTDA.
Rua Quintino Bocaiúva, 234 - centro
01004-010 **São Paulo,** SP - ✆ (011) 232-1871

EDITORA VOZES LTDA.
Rua Senador Feijó, 168 - 01006-000 **São Paulo, SP**
✆ (011) 605-7144/ Fax: (011) 607-7948

EDITORA VOZES LTDA
Rua Haddock Lobo, 360 - 01414-000 **São Paulo,** SP
✆ (011) 256-0611/ 256-2831/ Fax: (011) 258-2841

EDITORA VOZES LTDA
Av. Rodriguez Alves, 10-37 - 17015-002 **Bauru,** SP
✆ / Fax: (0142) 34-2044

EDITORA VOZES LTDA.
Rua Barão de Jaguara, 1164/1166
13015-002 **Campinas, SP**
✆ (0192) 31-1323/ Fax: (0192) 34-9316

PAULINAS
Rua Domingos de Morais, 660 - 04010-100 **São Paulo,**
✆ (011) 549-9777 - R. 213/ 214/ Fax: (011) 549-977

PAULINAS
Rua 15 de Novembro, 71 - 01013-001 **São Paulo, S**
✆ (011) 606-4418/ 606-0602/ 606-3535/ Fax: (011) 606-3

PAULINAS
Via Raposo Tavares, km 19,5 - 05577-200 **São Paulo,**
✆ (011) 810-1444/ Fax: (011) 810-0972

PAULINAS
Av. Marechal Tito, 981 - São Miguel Paulista
08020-090 **São Paulo,** SP - ✆ (011) 956-0162

Sergipe

LIVRARIA KYRIE
Av. Augusto Maynard, 543 49015-380 **Aracaju,** SE
✆ (079) 224-6279/ Fax: (079) 224-5837

Portugal

MULTINOVA UNIÃO LIV. CULTURAL
Av. Santa Joana Princesa, 12 E – 1700 **Lisboa,** Portu
Fax: 848-3436/ 88-3365

LIVRARIA LER LTDA
Rua 4 de infantaria, 18-18A – 1350 **Lisboa,** Portuga
Tel.: 388-8371/ 60-6996/ Fax: 395-3471

Se o(a) senhor(a) não encontrar este ou qualquer um de nossos títulos em sua livraria preferida ou em nosso distribuidor, faça o pedido por reembolso postal diretamente a

Edições Loyola

Rua 1822 nº 347 – Ipiranga – 04216-000 São Paulo, SP
C.P. 42.335 - 04299-970 São Paulo, SP / ✆ (011) 6914-1922/ Fax: (011) 63-4
Home page: www.ecof.org.br/loyola
e-mail: loyola@ibm.net

Se você gostou desta publicação e gostaria de conhecer outras obras desta editora, preencha a ficha de cadastramento, nos envie e receba em casa informações atualizadas de nossas publicações.

FICHA DE CADASTRAMENTO

NOME: ______________________________

ENDEREÇO: ______________________________

______________ CEP: ______________ FONE: ______________

CIDADE: ______________________ ESTADO: ________

PROFISSÃO: ______________________________

FORMAÇÃO: ( ) 1º Grau ( ) 2º Grau ( ) Superior

FAIXA ETÁRIA: ( ) De 0 a 14 ( ) De 15 a 30
( ) De 31 a 60 ( ) Mais de 60

RENDA FAMILIAR: ( ) Mais de 30 salários
( ) De 20 a 30 salários
( ) de 10 a 20 salários
( ) de 3 a 10 salários
( ) Menos de 3 salários

ÁREAS DE INTERESSE

- ☐ 000 Política/Sociologia
- ☐ 300 Ciências Sociais
- ☐ 160 Parapsicologia
- ☐ 100 Filosofia
- ☐ 380 Livros Didáticos
- ☐ 650 Comunicação
- ☐ 500 Educação
- ☐ 850 Literatura Inf.-Juvenil
- ☐ 700 Arte
- ☐ 150 Psicologia
- ☐ 001 Toda linha Loyola
- ☐ 320 Economia
- ☐ 200 Teologia/pastoral
- ☐ 400 Espiritualidade
- ☐ 800 Literatura
- ☐ 653 Relações Públicas
- ☐ 610 Saúde
- ☐ 900 História/Geografia

ENVIAR ESTA FICHA PARA EDIÇÕES LOYOLA

Rua 1822 nº 347 – Ipiranga – 04216-000 São Paulo, SP • C.P. 42.335 - 04299-970 São Paulo, SP